Conseils aux parents

Du même auteur

De la pédiatrie à la psychanalyse. Préface de Henri Sauguet, Payot, 1969.

Processus de maturation chez l'enfant. Développement affectif et environnement, Payot, 1970.

L'Enfant et sa famille. Les premières relations, Payot, 1971; Petite Bibliothèque Payot, n° 50, 1991.

L'Enfant et le monde extérieur. Le développement des relations, Payot, 1972.

La Consultation thérapeutique et l'enfant, Préface de Masud R. Kahn, Gallimard, 1972.

Fragments d'une analyse. Préface de Masud R. Kahn, Payot, 1975.

Jeu et réalité. L'espace potentiel. Préface de J.-B. Pontalis, Gallimard, 1975.

La Petite « Piggle ». Compte rendu du traitement psychanalytique d'une petite fille. Préface de Clare Winnicott et R. D. Shepherd, Payot, 1980.

Conversations ordinaires, Paris, Gallimard, 1988.

Lettres vives, Gallimard, 1989.

La Nature humaine, Gallimard, 1990.

Le Bébé et sa mère, Payot, 1992.

Déprivation et délinquance, Payot, 1994.

Une bibliographie complète en anglais des travaux de D.W. Winnicott ainsi qu'une liste des articles parus en français ont été publiées dans *De la pédiatrie à la psychanalyse,* Payot, 1969.

Bibliothèque scientifique Payot

Donald W. Winnicott

Conseils aux parents

Préface de T. Berry Brazelton

Traduit de l'anglais par
Sabine Boulongne

Titre original

TALKING TO PARENTS
(Reading, Mass., A Merloyd Lawrence
Book/Addison-Wesley Pub. Co.)

À PROPOS DE LA LECTURE DE WINNICOTT

par le Dr T. Berry Brazelton

Lire ces textes de Donald W. Winnicott, inédits pour la plupart, c'est retourner auprès d'une source fraîche après une traversée du désert. Chacun d'entre eux constitue une expérience délicieuse et profondément enrichissante.

Le fait même que Winnicott ait choisi de s'adresser directement aux parents par la voie des médias est du plus grand intérêt. Après tout, sa mère idéale, « normalement dévouée », dispense ses soins maternels avec naturel. La radiodiffusion de ses idées en matière d'éducation pourrait passer pour une façon d'afficher sa philosophie. Pourtant, comme à son habitude, Winnicott dissipe d'emblée nos interrogations à cet égard. Son objectif n'est pas d'instruire les parents, mais de les aider à comprendre ce qu'ils font, puis à justifier ce qu'ils ont jugé bon d'entreprendre. Une affirmation du genre : « On est bien forcé d'admettre qu'on aurait fait la même chose, voire pire » illustre bien cette manière, simple mais puissante, de soutenir les parents dans leurs points forts, qui contraste tant avec les méthodes préconisées par les autorités pédagogiques habituelles tendant à indiquer aux parents, en experts, tout ce qu'il ne faut pas faire.

Durant toute ma vie professionnelle, j'ai été le disciple et l'admirateur de Donald Winnicott. L'art avec lequel il a su associer une approche pédiatrique normative aux enseignements de la psychiatrie et de la psychanalyse infantiles a fait de lui mon modèle depuis fort longtemps. Ses idées lumineuses se fondent sur une compréhension approfondie des relations parents-enfants, assortie de la ferme conviction que la grande majorité des parents s'évertuent à faire de leur mieux pour leur progéniture. Ces essais sont émaillés d'interprétations positives et réconfortantes, de son cru. Celles-ci auront pour effet de soulager les parents et de les rassurer, parce qu'elles viennent du cœur et bénéficient de l'esprit délicieusement singulier de Winnicott.

Winnicott lui-même l'a clairement indiqué, l'objet de ces causeries n'était pas de dire aux parents ce qu'il fallait faire, mais (1) de « désintoxiquer » la science de l'éducation, (2) de donner aux parents confiance en ce qu'ils font, et (3) de les affranchir de la nécessité de rechercher une assistance individualisée lorsqu'ils se heurtent à une difficulté dans leur tâche parentale. Winnicott insiste continuellement sur l'instinct parental qui pousse à faire naturellement ce qui convient, avec l'appui des inévitables sentiments de culpabilité et d'ambivalence qui font des parents des êtres sensibles. Il n'hésite pas à faire appel au bon sens : « Une réunion de beaux-parents ayant échoué dans leur entreprise [...] pourrait être fructueuse. Elle regrouperait des hommes et des femmes ordinaires. » Car le rôle du beau-parent est fatalement ingrat.

À propos du sucement du pouce, il offre la meilleure justification qu'il m'ait jamais été donné d'entendre. En suçant son pouce, le bébé fait usage de son imagination pour la première fois. Cette expérience en elle-même est enrichie par le sein ou le biberon imaginaire. Pourquoi voudrait-on priver le bébé de cette première expérience, qui consiste pour lui à créer un objet d'affection qui lui soit propre ?

Ces entretiens réduisent à leur essence les étapes simples permettant de répondre aux objectifs parentaux dont Winnicott fait état. L'instauration de l'interdiction se compose ainsi de trois phases : la première année, les parents doivent assumer pleinement la responsabilité des limites de leur enfant ; la deuxième année, ils devront lui apprendre le mot « non » et les termes associés au danger – tels que « chaud » – avant de lui laisser davantage l'initiative, dès la troisième année, en multipliant les choix et en développant son aptitude à assimiler les limites existantes, à l'aide d'explications verbales.

Prenons une autre question chère aux parents : « Comment la jalousie se dissipe-t-elle ? » Grâce à l'explication magnifiquement dépouillée de Winnicott, nous saisissons la manière dont ce sentiment est en définitive désamorcé par le biais d'une identification avec la personne qui en est l'objet, puis avec la mère jalousement protectrice et les sentiments de cette dernière, tout en faisant appel à l'imagination pour comprendre le point de vue de l'autre. Un phénomène baptisé *empathie*.

Je crois que mon essai préféré est celui relatif à « ce qui agace » dans le rôle des parents. Ce chapitre aidera tous les parents à considérer leurs sentiments négatifs comme normaux, pour ne pas dire sains. Winnicott nous le rappelle, ce qui va de travers paraît toujours ingrat, alors qu'on passe outre sur ce qui se déroule sans anicroche. De sorte que la journée des parents semble encombrée par la foule des détails, plus ingrats les uns que les autres, de la vie quotidienne. « Les enfants seront toujours une source de tracas, et les mères continueront de se féliciter d'avoir la chance d'être leurs victimes. »

Voici donc un magnifique petit volume. L'auteur y distille la nature essentielle du rôle de parent. Le chapitre VIII, par exemple, s'achève avec l'idée provocatrice que, sans culpabilité ou ambivalence, une mère ne saurait être sensible aux besoins de son enfant. Winnicott nous permet de comprendre véritablement les défis rencontrés par les parents, tout en donnant à son auditoire le sentiment qu'être « une mère normalement dévouée » est l'une des attributions les plus gratifiantes qui soient au monde. Quel génie !

PRÉFACE DES ÉDITEURS

Entre 1939 et 1962, Donald Winnicott donna une cinquantaine de conférences radiophoniques à la BBC, presque toutes adressées aux parents. Lorsqu'elles furent transcrites, on s'aperçut qu'elles recelaient certains de ses essais les plus lucides et les plus passionnants. Un ensemble d'entretiens plus anciens, diffusés vers la fin de la guerre et produits par Janet Quigley, avait donné lieu à un opuscule intitulé *Apprenez à connaître votre bébé*. Une autre série, datant des années 1949-1950 et produite sous la houlette d'Isa Benzie, fut publiée de la même façon sous le titre *La Mère normalement dévouée et son bébé*. L'une et l'autre de ces brochures furent rapidement épuisées. Bien que Winnicott n'eût pas donné son nom pour ces émissions, compte tenu des lois interdisant aux médecins de faire de la publicité, une suite fut mise sur pied, et de nombreuses demandes s'exprimèrent afin que ces causeries fussent rediffusées. Elles constituèrent en définitive la base d'un ouvrage intitulé *The Child and the*

Family, dont la publication fut dirigée par Janet Hardenberg et qui parut chez Tavistock Publications en 1957 *; quelques conférences supplémentaires, concernant notamment l'évacuation en temps de guerre, furent incluses dans le volume complémentaire, *The Child and the Outside World* **. En 1964, Penguin Books décida de publier une sélection de ces deux volumes sous le titre *The Child, the Family and the Outside World*, qui comprend presque tous les entretiens radiophoniques publiés à cette date.

À la fin de 1968, 50 000 exemplaires de l'édition Penguin avaient été vendus, et une réception eut lieu pour fêter l'événement, au cours de laquelle Winnicott prononça un bref discours. Il y raconta qu'à l'époque des premières émissions, en se rendant en voiture à la BBC, située Langham Place, il roulait « parfois sur les décombres, mêlés de vitres brisées, laissés par les raids aériens de la nuit précédente ». Il souligna ensuite l'aide précieuse qu'Isa Benzie lui avait apportée durant la série de causeries des années 1949-1950, en lui manifestant l'enthousiasme et la confiance que lui inspirait son travail. C'était à elle qu'il devait l'expression « une mère normalement dévouée », qu'elle fit naître de ses propos, précisa-t-il, avant d'ajouter : « Cela devint immédiatement une formule passe-partout, tout en s'accordant au besoin que j'éprouvais de prendre mes distances vis-à-vis de l'idéalisation ainsi que de

* Traduction française : *L'Enfant et sa famille. Les premières relations*, Paris, Payot, 1971; rééd. « Petite Bibliothèque Payot », n° 50, 1991.

** Traduction française : *L'Enfant et le monde extérieur. Le développement des relations*, Paris, Payot, 1972.

l'enseignement et de la propagande. Je pouvais me contenter de décrire les soins prodigués aux petits enfants tels qu'ils sont pratiqués partout naturellement. »

On note avec intérêt que Winnicott insiste aussi sur le fait que, après la guerre, il ne reprit pas ses activités de pédiatre (même s'il continuait à donner des consultations pour enfants en psychiatrie). Par conséquent il ne bénéficiait plus, au quotidien, de la masse d'informations de première main liées à la relation mère-enfant qu'il avait pu réunir auparavant. Pour ces conférences, il jugea donc nécessaire de « ranimer la flamme clinique » en puisant dans les « expériences régressives de patients en psychanalyse, dont un grand nombre d'adultes, qui me permettaient d'examiner de près les rapports mère-enfant (ou parent-enfant) ». « À l'époque de ces émissions diffusées sur la BBC à la fin des années quarante, écrivit-il, j'étais dans la position unique de pouvoir considérer mes patients en termes de pédiatrie et d'une sorte de psychanalyse qui n'appartenait qu'à moi. Naturellement, en parlant à la radio, il me fallait me cantonner au jargon de la pédiatrie, même si on voit bien que, pour moi, la pédiatrie n'était déjà plus qu'un cadre destiné à l'étude des liens affectifs entre l'enfant et sa mère, en partant du principe qu'ils sont en bonne santé (comme on le présuppose généralement). J'étais passé de l' " alimentation de l'enfant " à l' " engagement mutuel enfant-mère ". »

L'ouvrage de Winnicott intitulé *The Child, the Family and the Outside World* a conservé sa popularité et se vend chaque année encore à des milliers d'exemplaires. Il a été réédité aux États-Unis par Addison-Wesley.

Ce volume-ci, *Conseils aux parents*, regroupe l'ensemble des entretiens radiophoniques diffusés après 1955. Deux d'entre eux seulement ont fait l'objet d'une publication antérieure : « Ils ont cinq ans » (paru sous le titre « Les enfants de cinq ans ») et « À propos de sécurité » (publié dans le cadre de l'ouvrage de Winnicott intitulé *The Family and Individual Development* *). Nous les avons inclus ici dans un but d'exhaustivité. Vous y trouverez aussi deux communications qui n'ont pas été rédigées pour la radio : « Apprentissage de la santé par la radio », qui sert de chapitre d'introduction dans la mesure où il définit avec une grande clarté les objectifs que Winnicott en vint à considérer comme essentiels dans ses causeries radiophoniques, et « Comment s'édifie la confiance » parce que ce texte s'adressait expressément aux parents (un fait exceptionnel dans le cas de Winnicott en dehors de la radio) et n'avait pas encore été publié. Datant des dernières années de sa vie, il contient en outre une grande partie des idées fondamentales sur les enfants et leurs parents, que Winnicott a passé sa vie à développer. Nous n'avons pas pu déterminer de façon précise le public pour lequel ce texte fut composé.

La compilation et la préparation de ces textes étaient pour ainsi dire achevées avec l'aide de Clare

* Londres, Tavistock, 1965; New York, Basic Books, 1965.

Winnicott, avant son décès survenu en 1984. Les révisions ont été réduites au minimum; quant aux entretiens radiophoniques eux-mêmes, très peu de coupures furent nécessaires, dans la mesure où ils semblent avoir été écrits par Winnicott avant leur diffusion. On les a retrouvés sous forme dactylographiée parmi la masse de papiers qu'il a laissés. Deux textes font exception cependant : la causerie adressée aux belles-mères et l'entretien avec Claire Rayner, « Le sentiment de culpabilité ». Ceux-ci ont été transcrits à partir de cassettes, et la qualité de l'écriture n'est donc pas tout à fait la même. Cela s'applique aussi aux conversations entre mères qui font partie de la série centrale des causeries (« Faut-il dire “ non ” ? », « La jalousie des bébés », et « Tout ce qui agace »). Les mères en question furent invitées à la BBC, leurs conversations furent enregistrées, et Winnicott fit ultérieurement ses commentaires; toutefois, dans ce cas précis, c'est précisément la spontanéité des propos tenus qui représente un élément essentiel.

Christopher Bollas
Madeleine Davis
Ray Shepherd
Londres, 1992.

I

L'apprentissage de la santé par la radio (1957)

On me demande d'écrire sur l'apprentissage de la santé par la radio. Ce thème m'intéresse depuis que je donne, de temps à autre, des conférences radiophoniques à l'intention des parents. Toutefois, je tiens à préciser qu'en réalité je ne suis pas particulièrement favorable à un tel apprentissage de masse. Lorsqu'on a affaire à un public aussi vaste, il se trouve inévitablement un nombre important d'auditeurs qui écoutent non dans le but d'apprendre, mais par hasard ou pour se distraire, pendant qu'ils se rasent ou font de la pâtisserie, et qu'ils n'ont pas de main libre pour éteindre leur poste. Dans ces conditions, on est forcé de mettre sérieusement en doute l'intérêt qu'il peut y avoir à faire passer un message important.

On pourrait comparer cela aux émissions pédagogiques, au cours desquelles un groupe d'enfants d'âges donnés sont convenablement occupés sans être trop absorbés, sachant qu'ils vont recevoir par radio, pendant telle période de temps, une instruction transmise de manière attrayante. Le journaliste radiophonique qui souhaite parler de santé ne bénéficie pas de l'avantage d'un auditoire spécial.

Je fais référence à l'apprentissage en psychologie, et non en matière de santé physique, de prévention et de traitement des maladies. Mon propos pourrait s'appliquer à n'importe quelle causerie relative à la santé, dans la mesure où toute éducation sanitaire relève, à mon avis, de la psychologie. Ceux qui écoutent une conférence sur les rhumatismes ou les maladies du sang ne le font pas parce qu'ils s'intéressent à la question d'un point de vue scientifique, ou parce qu'ils sont avides d'informations. Ils sont attentifs parce qu'ils ont un intérêt morbide pour la maladie. Il me semble que cela se vérifie dès qu'il s'agit d'éduquer les gens en matière de santé, quel que soit le moyen de communication, même si, dans le cas de la radio, les choses se compliquent d'autant plus que la grande majorité des auditeurs n'écoutent pas dans l'intention d'apprendre quelque chose : ils attendent simplement que la musique reprenne. Peut-être suis-je une mauvaise langue ; mais j'exprime là un doute qui m'assaille chaque fois que la voix optimiste et rassurante d'un spécialiste de la santé donne une conférence réconfortante sur le facteur Rhésus, l'arthrite rhumatismale ou le cancer.

Je tiens cependant à faire une suggestion constructive concernant la diffusion d'émissions sur la santé : toute forme de propagande ou d'endoctrinement est à écarter. Il serait offensant de vouloir instruire les gens de force, même si c'est pour leur bien, à moins qu'ils soient présents pour réagir, exprimer leur désaccord ou apporter leur contribution.

Existe-t-il une alternative acceptable? Par exemple, on pourrait imaginer de passer en revue les choses que les gens font ordinairement, en essayant de les aider à comprendre pourquoi ils s'y prennent de la sorte. Cette suggestion se fonde sur l'idée que dans les circonstances qui nous intéressent, l'essentiel de ce que les parents entreprennent est extrêmement délicat. À écouter les descriptions que les mères font sur leur manière de gérer les enfants à la maison, on constate avec étonnement qu'en définitive il est impossible de leur donner des conseils. On est bien forcé d'admettre que, dans des conditions similaires, on aurait fait la même chose, voire pire.

En revanche, les parents aiment qu'on les aide à comprendre les problèmes auxquels ils sont confrontés. Ils apprécient lorsqu'on leur fait prendre conscience de ce qu'ils accomplissent de manière intuitive. Ils se sentent mal à l'aise lorsqu'ils laissent libre cours à leurs intuitions, à ce qui leur vient spontanément au moment critique, quand ils ne prennent pas le temps de réfléchir. Qu'ils aient donné une petite tape ou un baiser à leur enfant, qu'ils l'aient serré dans leurs bras ou qu'ils aient ri, ils ont fait ce qui convenait. Leur attitude était appropriée. On n'aurait pas pu imaginer mieux. Personne n'aurait pu leur dire comment agir dans ces circonstances, puisque celles-ci ne pouvaient pas être connues d'avance. Après coup, toutefois, les parents parlent de ce qui s'est passé et s'interrogent. Ils s'aperçoivent qu'ils n'ont pas une idée très claire de ce qu'ils ont fait et qu'ils éprouvent une grande confusion. Dans ces moments-là, ils se sentent coupables et s'en remettent aveuglément à quiconque leur parlera avec autorité et leur donnera des directives.

L'éducation peut se définir comme la somme de tout ce que les gens font et ont fait à bon escient, depuis que le monde comporte des êtres humains doués d'humanité ! Si on peut faire prendre conscience aux gens de ce qu'ils font, ils ont moins peur, ils sont plus sûrs d'eux, de sorte que lorsqu'ils sont véritablement dans le doute, ou conscients de leur ignorance, ils cherchent non des conseils mais des informations. Et ils ont alors une idée plus claire de la manière de se les procurer. Ils se rendent compte aussi qu'on peut avoir une attitude objective face aux questions touchant à l'intelligence, au sentiment, au comportement, et se montrent moins méfiants vis-à-vis de la science, même lorsqu'elle empiète sur des domaines demeurés jusqu'à récemment l'apanage exclusif de la religion.

J'ai le sentiment qu'il reste énormément à faire dans ce domaine, qui consiste à s'inspirer des pensées, des sentiments et des actions des parents afin d'élaborer, à partir de ces données, des débats et des enseignements à même de faciliter la compréhension générale. Ainsi des informations peuvent-elles être transmises sans que la confiance de l'auditeur en lui-même s'en trouve sapée. Pour ceux qui souhaitent éduquer des enfants selon ce modèle, la difficulté réside dans la nécessité d'avoir des connaissances suffisantes, tout en étant soi-même conscient de son ignorance, le cas échéant.

Certaines conférences radiophoniques destinées aux parents sous-entendent clairement des principes tels que : « Vous devez aimer votre enfant; si vous ne l'aimez pas, il en souffrira et vous ferez de lui un délinquant. » Ou : « Vous devez allaiter votre nourrisson et y trouver du plaisir. Il faut que ce soit la chose la plus importante de votre vie. » Ou encore : « Vous devez aimer votre bébé dès sa naissance; ce n'est pas naturel de ne pas aimer son propre enfant. » Etc. Tout cela est très facile à dire. En réalité, exprimées de cette façon, ces formules à l'emporte-pièce ont parfois des effets déplorables.

On serait bien avisé de préciser qu'une mère n'aime pas forcément son bébé d'emblée. Il faut expliquer aux mères pourquoi elles se trouvent parfois dans l'incapacité de nourrir leur enfant au sein, et leur dire qu'aimer est une affaire complexe, et pas seulement un réflexe instinctif.

J'ajouterai qu'à la radio il n'est pas possible d'aborder les anomalies graves touchant la mère ou l'enfant, surtout si ce sont les parents qui en sont affectés. À quoi servirait-il de dire aux gens qui ont des difficultés qu'ils sont malades? Si ces personnes-là sollicitent de l'aide, il faut en profiter pour les soulager dans la mesure du possible. En revanche, on risque de les bouleverser inutilement en leur donnant le sentiment qu'elles sont malades sans leur fournir la thérapie appropriée.

La plupart des conseils dispensés par voie radiophonique sont susceptibles de provoquer des troubles quelque part. Récemment, j'ai évoqué la possibilité de dire la vérité à des enfants adoptés. J'étais naturellement conscient du risque que je courais de faire de la peine à certains. J'ai sans doute perturbé beaucoup de gens; mais une mère qui avait écouté l'émission vint me voir de fort loin pour m'expliquer pourquoi il était périlleux, *dans son cas particulier*, d'avouer la vérité à la petite fille qu'elle avait adoptée. Il me fallut reconnaître qu'elle avait raison, bien qu'en principe j'estime qu'il convient d'expliquer franchement la situation à des enfants adoptés, et cela le plus tôt possible.

Si des mères s'entendent dire qu'elles doivent faire ceci ou cela, leurs idées s'embrouillent vite et (ce qui est plus important) elles deviennent incapables d'agir sans savoir exactement ce qui est bien et ce qui est mal. Très vite, elles ont le sentiment d'être incompétentes. S'il leur faut consulter un livre à tout propos ou écouter la radio, elles interviennent toujours trop tard, même si elles prennent en définitive la bonne initiative. Car pour agir convenablement il faut opérer sur-le-champ. Le seul moyen d'agir à bon escient, au moment voulu, est de faire appel à l'intuition – ou à l'instinct, comme nous disons. Rien n'empêche d'analyser le problème en profondeur par la suite; lorsque les gens réfléchissent ainsi, notre travail consiste à les aider. Nous pouvons discuter avec eux des difficultés auxquelles ils sont confrontés, de ce qu'ils font, des effets qu'ils peuvent attendre de leurs initiatives. Cela ne veut pas dire qu'il faille diriger leurs actions.

Dernière remarque : un enseignement formel en matière de psychologie infantile a-t-il sa place à la radio ? Je doute que nous soyons prêts à offrir une formation de ce genre. Lorsqu'on donne des cours à des groupes d'étudiants (des assistantes sociales, par exemple, ou des professeurs d'université, des médecins), on sait que ce type d'instruction nécessite un cadre strict et ne saurait être dispensé de façon approximative. Pendant la période où ces étudiants suivent ces cours, on leur donne sans doute la possibilité de discuter entre eux du contenu du programme enseigné, et de consulter des ouvrages ; rien ne les empêche d'exprimer leur désaccord et de donner leur avis. Même dans ces circonstances favorables, une partie d'entre eux auront à affronter des difficultés personnelles, mises en lumière par l'apport d'idées nouvelles, une approche inédite, la résurgence de souvenirs pénibles ou de fantasmes réprimés. Ils devront faire face à de nouvelles stimulations et à un infléchissement de leur philosophie de la vie. La psychologie ne s'enseigne pas comme la physique, ni même comme la biologie.

L'instruction destinée aux parents pourrait incontestablement être dispensée dans un cadre soigneusement contrôlé, que la radio ne peut offrir. Si on choisit néanmoins de recourir à ce média, il doit impérativement s'agir d'un mode d'enseignement extrêmement restreint se limitant aux expériences positives de gens normaux. À partir de là, cependant, un long chemin peut être parcouru, et on se prend à espérer que la BBC maintiendra sa politique de service social en consacrant du temps à des émissions pédagogiques en matière de santé, tout en tenant compte des difficultés inhérentes à la diffusion radiophonique.

II

À l'intention des belles-mères et des beaux-pères (1955)

La méchante belle-mère

On dit parfois que si les contes de fées n'existaient pas, certains concepts, tels que celui de la méchante belle-mère, n'auraient aucun écho. Je suis intimement persuadé du contraire. On serait fondé à dire qu'aucun conte de fées, aucune bande dessinée d'épouvante, ne saurait exercer un attrait universel, à moins de toucher à quelque chose d'inhérent à chaque individu, adulte ou enfant. Le conte de fées a précisément pour effet d'évoquer une chose à la fois véridique, effrayante et inadmissible. Oui, les trois à la fois : véridique, effrayante et inadmissible. Les facettes inacceptables de la nature humaine se cristallisent, de manière fragmentée, dans le mythe admis. La question est de savoir ce qui se cristallise dans le mythe de la belle-mère. Quel qu'en soit le fondement, cela relève incontestablement de la haine, de la peur, mais aussi de l'amour.

Tous les individus éprouvent des difficultés à lier l'agressivité inhérente à la nature humaine et l'amour, et à en faire l'amalgame. Cette difficulté est en partie surmontée dans la petite enfance par le fait qu'à ce stade le monde est vécu sous la forme d'extrêmes, à la fois bienveillant et hostile, bon et mauvais, en noir et blanc. Ce qui est mauvais est redouté et haï, le bon étant accepté sans partage. Progressivement, nourrissons et enfants se défont de ce parti pris et finissent par tolérer leurs idées destructrices parallèlement à leurs pulsions d'amour. Ils connaissent alors la culpabilité, tout en découvrant qu'ils peuvent faire le bien. Si maman veut bien attendre, le moment viendra pour un geste d'amour sincère et spontané. Normalement, le soulagement que procure, dans les premiers temps, cette notion du bien et du mal situés aux antipodes est une chose à laquelle les adultes eux-mêmes ont de la peine à renoncer. Petits, nous admettons aisément la persistance relative de ce vestige de la prime enfance; nous savons que nous pouvons facilement faire naître une réaction lorsque nous lisons ou racontons des histoires présentant le bien et le mal comme deux extrêmes.

En règle générale, la vraie mère et la belle-mère s'associent à ces deux extrêmes dans l'imagination – d'autant plus que les enfants peuvent avoir des raisons de détester leur mère. C'est là un deuxième point que je souhaite développer. L'idée d'un sentiment de haine s'exprimant à l'encontre d'une mère est très difficile à admettre pour tout le monde, et certains auditeurs s'offusqueront d'entendre les mots *haine* et *mère* dans la même phrase. Il n'est pourtant pas possible de faire autrement. Dès lors qu'elles accomplissent leur tâche convenablement, les mères sont les représentantes du monde intraitable et exigeant qui nous entoure; c'est à elles qu'il incombe d'introduire progressivement la réalité, qui est si souvent l'ennemi juré de l'impulsion. Colère et mère vont alors de pair; la haine s'exprime, même lorsque l'amour et l'adoration ne font aucun doute. S'il y a deux mères, une vraie mère qui est décédée et une belle-mère, voyez-vous avec quelle facilité l'enfant peut soulager ses tensions en idéalisant la première tout en prêtant à l'autre les pires intentions? Du reste, si l'enfant se fonde sur cette conviction, le monde lui-même n'attend pas autre chose.

L'enfant finit pas se rendre compte que le dévouement initial de sa mère lui a fourni les conditions indispensables pour lui permettre de se lancer, de commencer à exister en tant qu'individu doté de droits, d'impulsions et d'un mode de vie personnels. En d'autres termes, après l'état de dépendance absolue du départ, à mesure que l'enfant prend conscience de cette réalité se développe la peur d'une mère primitive, nantie de pouvoirs magiques, bénéfiques et maléfiques. Qu'il est difficile pour chacun de nous d'admettre que cet intermédiaire primitif tout-puissant était notre propre mère, quelqu'un que nous avons appris à considérer comme un être humain digne d'être aimé, mais en aucun cas parfait ou totalement fiable! Tout cela était si précaire! En outre, dans le cas de la petite fille, c'est cette même mère, toute-puissante au départ, toujours adorable même si elle représentait d'une manière exaspérante la dure réalité de la vie, qui vient en définitive s'interposer entre elle, la petite fille, et son père. Dans ce domaine, en particulier, la vraie mère et la belle-mère n'ont pas la même optique : la vraie mère espère que la petite fille gagnera l'amour de son père, alors que la belle-mère, elle, le redoute. Cela ne suffit-il pas à prouver qu'il ne faut pas compter que les enfants se déferont d'un seul coup d'une tendance à diviser le monde en général, et leurs deux mères en particulier, en bien et en mal, et que nous devons au contraire nous attendre à une certaine persistance de ces idées infantiles chez l'adulte?

Nous pouvons évoquer toutes sortes d'arguments logiques, nous répéter inlassablement que ce qui compte, ce n'est pas de savoir si les gens sont noirs ou blancs mais si, en tant qu'êtres humains, ils sont aimants et dignes d'être aimés. En définitive, il ne nous reste que nos rêves – et qui voudrait se priver de ses fantasmes? Dans le fantasme, rien ne nous oblige à être adulte tout le temps, comme c'est le cas lorsqu'il s'agit de prendre le train pour aller au bureau ou de faire des emplettes. Dans le fantasme, le nourrisson, l'enfant, l'adolescent qui sont en nous subsistent à côté de notre maturité d'adulte. Toutefois, nous mesurons les inconvénients du fantasme lorsqu'il nous arrive de glisser dans l'un des aspects sombres du mythe. Il se pourrait fort bien que j'y aie moi-même succombé en parlant de la haine et de la peur de la mère, que j'éprouve le besoin d'amalgamer à l'amour dans la relation mère-enfant pleinement vécue. Peut-être même pensez-vous que j'ai perdu la tête.

La valeur du récit d'échecs

Quand nous étudions les problèmes inhérents aux affaires humaines, libre à nous de choisir entre la superficialité et une analyse approfondie. En nous contentant de survoler la question, nous évitons bien des désagréments, mais nous passons aussi à côté de valeurs plus profondes. Une partie du courrier que j'ai reçu suite à notre dernière émission allait incontestablement au-delà de l'évidence. Ainsi, on m'a fait remarquer qu'il ne saurait être question de traiter comme s'il ne s'était rien passé un enfant ayant perdu l'un de ses parents. Il est souvent préférable que la belle-mère ou le beau-père accepte d'être appelé par un autre nom afin que l'enfant puisse réserver le qualificatif « maman » ou « papa » au parent disparu. Le souvenir du défunt peut être maintenu, et l'enfant tirera largement profit d'une telle attitude. On a également souligné que l'enfant pris en charge par quelqu'un d'autre risque fort d'être perturbé. Un auditeur m'a cité le cas d'un petit garçon mal-aimé ; l'enfant avait été confié aux soins de sa grand-mère pendant quelque temps avant de vivre sous le même toit que sa belle-mère, de telle sorte que, dépossédé à deux reprises, il avait toutes les chances de désespérer des relations humaines et de leur fiabilité. Or quand un enfant éprouve ce genre de désarroi, il est incapable de prendre le risque de tisser des liens nouveaux et se défendra contre tout sentiment profond et toute nouvelle dépendance.

Savez-vous qu'un certain nombre de mères n'éprouvent pas d'amour pour leur bébé au moment de la naissance ? Elles se sentent affreusement mal, exactement comme une belle-mère. Elles essaient de faire semblant d'aimer leur enfant mais n'y arrivent pas. Ce serait tellement plus facile pour elles si on les avait prévenues que l'amour survient de lui-même, mais qu'on ne peut en aucun cas le provoquer ! La plupart du temps, une mère parvient rapidement à aimer son enfant, souvent dès la grossesse, mais cela n'a rien de systématique et on ne peut jamais savoir par avance ce qu'il en sera. Les pères connaissent parfois le même problème. Peut-être l'accepte-t-on plus facilement chez eux ? Aussi ont-ils moins besoin de faire semblant. Leur amour a donc tout loisir de s'épanouir naturellement et en son temps. En plus de ne pas aimer son enfant, il arrive aussi, plus fréquemment qu'on ne le pense, qu'une mère ressente pour lui de la haine. Je parle de femmes ordinaires, qui par ailleurs se débrouillent tout à fait bien ou s'arrangent pour que quelqu'un d'autre agisse à leur place comme il convient. J'ai connu de nombreuses mères qui vivaient dans la terreur de découvrir qu'elles avaient fait du mal à leur enfant. Ces femmes sont proprement incapables de parler de leur difficulté, persuadées que personne ne les comprendra. Il y a tant de choses cachées, profondément enfouies, dans la nature humaine que, personnellement, je préférerais être l'enfant d'une mère qui endure tous les conflits intérieurs d'un être humain plutôt que d'être materné par quelqu'un connaissant toutes les réponses, ignorant le doute, pour qui tout est prétendument facile et sans problème.

Ceux qui se targuent de réussir ici et là pourraient fort bien connaître l'échec ailleurs. Du reste, un échec qui se produit au bon endroit et au bon moment prend une valeur considérable. Bien sûr, il en va tout autrement lorsque les gens ne cessent de geindre et de se plaindre. Ce qui n'était certainement pas le cas de notre belle-mère, qui souffrait tant de ne pas pouvoir aimer son beau-fils. Dès lors qu'une femme ou un mari prend en charge un beau-fils ou une belle-fille, il (ou elle) est confronté(e) à un passé, et c'est ce qui fait toute la différence. La culpabilité liée au fait que l'enfant a été – disons – volé n'est pas seule en cause. Il faut prendre en compte toute l'histoire du choix opéré par un veuf ou une veuve, ou encore le sauvetage d'une personne malheureuse en mariage. Une foule de questions importantes affectant l'arrière-plan imaginaire ou rêvé du beau-parent concerné vis-à-vis de sa nouvelle relation doivent être affrontées. Dans un cas particulier, quel qu'il soit, la question peut être analysée à bon escient; mais abordé de manière générale, le sujet devient immédiatement trop vaste pour qu'il soit possible de le couvrir de façon exhaustive. Une femme dans l'obligation de prendre soin d'un enfant né d'une autre femme qui se trouve être sa rivale imaginaire, même si celle-ci est morte, peut facilement se voir cantonnée, par son imagination même, dans un rôle de sorcière et non dans celui de la marraine-fée. Certaines n'éprouvent pas la moindre difficulté ; d'autres, comme plusieurs de mes correspondantes me l'ont écrit, se félicitent d'occuper la deuxième place, derrière l'ex-épouse. Toutefois, un grand nombre d'hommes et de femmes s'efforcent encore de grandir au moment où ils se marient, et même après, et ils doivent lutter pour défendre leurs droits, de peur de perdre leur identité et le sentiment de leur existence. Il arrive qu'une femme voie dans la présence de l'enfant de sa « rivale » un rappel de celle-ci, qu'elle jugera intolérable. Si tel est le cas, même si cela se situe dans l'inconscient, la situation peut s'en trouver déformée à ses yeux et rendre impossible un épanouissement naturel des sentiments de tolérance, puis d'amour.

J'ajouterai seulement qu'une partie des beaux-fils et belles-filles se montrent franchement ingrats, en raison des expériences pénibles qu'ils ont vécues. Cela s'explique aisément et ils ont des excuses ; mais c'est la belle-mère qui supporte cette situation. Elle n'a pas d'autre solution. Fort heureusement, la plupart d'entre eux peuvent être ramenés à une attitude plus bienveillante. De fait, comme l'indiquent les lettres que j'ai reçues, dans la grande majorité des cas ils se comportent vis-à-vis de leur belle-mère comme ils le feraient à l'égard de leur mère. De sorte qu'il n'y a souvent aucun problème, ou seulement des difficultés mineures qui ne constituent pas une menace. Beaucoup de gens perdent de vue la situation embarrassante dans laquelle se trouve la belle-mère et finissent par penser que, finalement, tout est assez simple. Pour ceux qui n'ont pas de difficultés, la manière dont je sonde le monde de l'imaginaire doit paraître agaçante, pour ne pas dire dangereuse. Cela met en péril leur sentiment de sécurité ; mais, je l'ai dit, en passant sur les mauvais rêves, voire les cauchemars, les dépressions, les soupçons qu'ils ont connus, ils négligent tout ce qui donne un sens à leur accomplissement.

Quelques échecs ici et là contribuent largement à enrichir nos vies. De surcroît, ces histoires prouvent combien il est judicieux d'aider ceux qui échouent à échanger leurs points de vue. En se rencontrant et en parlant, ils partagent leur fardeau et parviennent parfois à l'alléger. Un de mes correspondants a émis l'idée d'une réunion de beaux-parents en situation d'échec. Je pense que ce serait là une initiative fructueuse. Une telle assemblée se composerait d'hommes et de femmes ordinaires.

III

Que savons-nous des bébés suceurs de tissu? (1956)

On apprend beaucoup en observant comment les bébés passent le temps quand ils ne dorment pas. Mais il faut d'abord nous affranchir de toute idée de bien ou de mal à cet égard. Notre intérêt procède exclusivement du fait que c'est par les nourrissons que nous pouvons découvrir des choses sur les nourrissons. La semaine dernière, le conférencier avait émis l'opinion que lorsqu'un bébé suce son pouce ou du tissu, il ne nous appartient pas d'approuver ou de désapprouver ; cela nous donne simplement l'occasion de mieux comprendre l'enfant en question. Je partage son avis et celui des mères, dont il a cité certains passages de lettres.

Nous sommes intéressés par toute une gamme de phénomènes qui caractérisent la petite enfance. Nous ne les connaîtrons jamais tous en profondeur car chaque bébé est un cas particulier et il n'en existe pas deux pareils, que ce soit physiquement ou dans leurs habitudes. Les bébés se distinguent par la forme de leur nez ou la couleur de leurs cheveux s'ils en ont, mais aussi par leur tempérament.

Quand des mères viennent me trouver pour me parler de leur enfant, je les incite à se souvenir d'événements caractéristiques survenus dès le début. Elles aiment se remémorer ces épisodes qui ravivent si intensément le passé.

Elles évoquent toutes sortes d'objets que leur enfant a adoptés et qui ont acquis une grande importance à ses yeux. Qu'il se soit mis à les sucer ou à les serrer contre lui, cela lui a permis de tenir le coup dans des moments de solitude ou d'insécurité, en lui procurant un réconfort évident, faisant office de sédatif en quelque sorte. Ces objets sont à mi-chemin entre l'enfant et le monde. Ils ne tardent pas à acquérir un surnom, tel que « tissi » ou « doudou », qui trahit leur double origine. Leur odeur et leur texture en sont les éléments essentiels et vous n'osez pas les laver. Vous les emmenez partout avec vous. Si vous êtes sage, vous attendez patiemment que l'enfant s'en désintéresse de lui-même. Vous faites bien attention de ne pas le perdre et vous vous abstenez de le détruire ou de le donner.

Il ne faut surtout pas mettre l'enfant au défi : « Est-ce quelque chose que tu as imaginé, ou cela fait-il partie du monde que tu as découvert et que tu t'es approprié ? » Un peu plus tard, vous l'enjoindrez à dire « ta-ta », afin qu'il comprenne que ce chien en peluche est un cadeau d'une tante. Mais ce *premier* objet fait clairement partie de l'univers du berceau et du landau, avant que l'enfant soit en mesure de dire « ta-ta » ou de saisir le sens de ce mot, avant qu'il fasse la différence entre le moi et le non-moi, ou au moment où cette distinction est en cours de structuration.

Une personnalité est en train de se former; l'enfant découvre une vie qu'il n'a jamais connue auparavant. Dès l'instant où les premiers signes de vie se manifestent dans le ventre de la mère, les parents s'intéressent à cet être nouveau entamant son existence. Sa vie personnelle débute dès lors, et je m'en tiendrai à cette idée, même si je sais pertinemment que les chiots et les chatons eux aussi jouent et mâchonnent des tissus, un fait qui m'incite à penser que les animaux ne sont pas seulement mûs par des réflexes et des appétits.

Quand je dis que la vie commence immédiatement, j'admets qu'au départ elle prend une forme très restreinte. Quoi qu'il en soit, il ne fait aucun doute qu'au moment de la naissance, l'existence personnelle de l'enfant a déjà débuté. Ces curieuses habitudes des nouveau-nés nous montrent que leur vie ne se limite pas à dormir et à boire du lait, qu'elle va au-delà de la gratification instinctuelle apportée par l'ingestion et la digestion de repas suffisamment copieux. Ces manies prouvent que l'enfant est déjà là, qu'il vit sa vie, accumulant des souvenirs, se bâtissant un mode de comportement personnel.

Pour mieux le comprendre, je crois qu'il faut reconnaître qu'il existe dès le départ, dans le fait d'être, une forme grossière de ce que nous appelons plus tard l'imagination. Cela nous permet de dire que l'enfant « absorbe » avec les mains et la peau sensible de son visage autant qu'avec la bouche. L'expérience de la nutrition *imaginative* est beaucoup plus vaste que l'aspect purement physique de la chose ne le laisse penser. Considérée dans sa *totalité*, elle peut rapidement sous-entendre une relation riche avec le sein de la mère, ou avec la mère telle qu'elle est perçue progressivement. Ce que le bébé fait avec les mains et les yeux donne davantage d'envergure à l'acte nutritif. Ce phénomène, normal, devient d'autant plus évident lorsqu'on voit un nourrisson alimenté d'une manière mécanique. Loin d'être une expérience enrichissante pour lui, cela coupe court au sentiment qu'il a de *continuer à être*. Je ne vois pas très bien comment l'exprimer autrement. Une activité réflexe s'est substituée à une expérience personnelle.

Si vous chatouillez la joue d'un bébé, vous aurez peut-être droit à un sourire, mais cela ne veut pas dire qu'il éprouve du plaisir. Le réflexe a trahi son propriétaire; il possède l'enfant, pour ainsi dire. Il ne nous appartient pas d'exercer le pouvoir que nous possédons indubitablement en suscitant des réflexes et en provoquant des gratifications instinctuelles qui ne procèdent pas naturellement du rythme de la vie personnelle de l'enfant.

Pendant qu'il mange, un enfant fait toutes sortes de choses qui nous paraissent inutiles parce qu'elles ne contribuent d'aucune manière à lui faire prendre du poids. J'affirme que ce sont ces choses-là, précisément, qui nous rassurent sur le fait que le nourrisson se nourrit bel et bien, au lieu d'*être nourri* simplement, qu'il vit une vie au lieu de se contenter de réagir aux stimulations qui lui sont offertes.

Avez-vous jamais vu un bébé sucer un doigt en même temps qu'il tète avec bonheur? Cela m'est arrivé. Avez-vous jamais vu quelqu'un rêver tout éveillé? Lorsqu'un bébé suce un morceau de tissu, son édredon ou une tétine, il s'agit ni plus ni moins d'une retombée de l'imagination, telle qu'elle est stimulée par la fonction d'excitation primordiale qu'est l'acte de nutrition.

Pour dire les choses autrement, vous est-il jamais venu à l'esprit que les tâtonnements, le suçotement d'un doigt ou d'un vêtement, l'étreinte d'une poupée de chiffon pouvaient être la première manifestation d'un comportement affectueux chez l'enfant? Peut-on imaginer quelque chose de plus important?

Vous prenez peut-être pour acquise l'aptitude de votre enfant à manifester de l'affection, mais vous découvrirez vite qu'il en est autrement si vous avez un enfant qui se révèle incapable de faire preuve de tendresse ou qui ne sait plus comment s'y prendre. On peut forcer à manger un bébé qui semble mal disposé à le faire; en revanche, il n'y a pas moyen d'obliger un enfant froid à vous témoigner de l'affection. Vous aurez beau le couvrir d'amour, il se détournera de vous, en silence, ou en poussant des cris de protestation.

Ces activités étranges et spontanées prouvent que l'enfant est bien là en tant qu'individu, et qu'il a confiance dans la relation avec sa mère. Il est à même d'utiliser des objets symbolisant en quelque sorte sa mère, ou une facette de celle-ci, et de *jouir* d'actions qui consistent simplement à *jouer*, qu'elles s'assimilent à l'acte *instinctuel* qui consiste à manger ou qu'elles s'en distinguent légèrement.

Voyez ce qui se passe lorsqu'un petit enfant commence à perdre confiance. Une légère privation peut donner naissance à un élément compulsif dans l'habitude – suçotement ou autre –, de sorte qu'elle devient primordiale et non plus secondaire. Dans le cas d'une privation prolongée ou plus sévère, toutefois, le sujet n'est plus capable de sucer un morceau de tissu, de jouer avec sa bouche ou de se chatouiller le nez ; ces activités ludiques perdent alors tout leur sens.

Ces premiers objets de jeu et ces activités ludiques existent dans un monde situé entre l'enfant et le monde extérieur. Le délai qui lui est nécessaire pour faire la distinction entre le moi et le non-moi sous-entend une tension extrême, et nous accordons à ce développement le temps nécessaire pour qu'il se réalise naturellement. L'enfant commence à « faire un tri » et découvre peu à peu qu'il existe un monde extérieur et un monde intérieur ; pour l'aider, nous laissons la place à un monde intermédiaire, à la fois personnel et extérieur, lié tant au moi qu'au non-moi. Celui-ci s'apparente aux jeux intenses de la prime enfance et aux rêveries des enfants plus âgés et des adultes, qui ne sont ni vraiment des rêves ni vraiment des faits, mais un amalgame des deux.

Lorsqu'on y songe, lequel d'entre nous peut se targuer de pouvoir se passer d'une zone intermédiaire entre lui-même, son univers intérieur et la réalité extérieure et partagée ? La tension qu'éprouve le bébé lorsqu'il s'efforce de faire la distinction entre les deux n'est jamais entièrement dissipée ; et nous-mêmes, nous nous autorisons une vie culturelle, qui peut être partagée tout en restant personnelle. Je fais bien évidemment référence ici à des aspects de la vie tels que l'amitié et la pratique d'une religion. Sans compter les choses apparemment dénuées de raison que nous faisons. Ainsi, pourquoi fumons-nous ? Pour avoir la réponse, il faudrait que je m'adresse à un nourrisson qui se garderait bien de se moquer de moi, j'en suis sûr, pour la bonne raison qu'il sait mieux que quiconque combien il est idiot de toujours vouloir faire preuve de bon sens.

Aussi étrange que cela puisse paraître, le fait de sucer son pouce ou une poupée de chiffon peut sembler réel, alors que l'acte de nutrition en soi peut donner lieu à des sensations irréelles. Cet acte de nutrition suscite des réflexes, les instincts jouent à plein, et l'enfant n'en est pas encore arrivé, dans la structuration de son *self*, au point où il est en mesure de faire siennes des expériences aussi fortes. Cela ne rappelle-t-il pas l'histoire du cheval sans cavalier qui remporte le Grand Prix ? Cette victoire ne vaut aucune récompense au propriétaire du cheval, parce que son jockey est tombé en route. Le propriétaire se sent frustré ; il se peut même que le jockey ait été blessé. Lorsque vous vous adaptez dès le départ aux besoins et aux rythmes personnels de votre enfant, vous lui permettez de rester en selle, parmi les autres concurrents de la course, voire de monter son propre cheval et de jouir de l'exercice en lui-même.

Pour le *self* immature d'un tout jeune enfant, c'est l'expression de soi, peut-être sous la forme de ces curieuses habitudes telles que le suçotement, qui semble réelle, et cela donne à la mère et à l'enfant l'occasion de rapports humains qui ne sont pas à la merci des instincts animaux.

IV

Faut-il dire « non » ?
(1960)

DONALD WOODS WINNICOTT

Cette émission et les deux suivantes constituent une série basée sur le thème de l'interdiction. Dire « non ». Ce soir, vous entendrez une conversation entre plusieurs mères, après quoi je ferai un bref commentaire. La semaine prochaine et dans quinze jours, ce sera surtout moi qui parlerai, mais des extraits de la discussion entre les mères seront repris afin de vous rafraîchir la mémoire.

Vous apprécierez je crois cette conversation, qui dure huit minutes environ. Elle me semble réelle. En écoutant, soyez convaincus qu'il n'y a aucune mise en scène. C'est exactement la manière dont vous aborderiez vous-même la question.

Conversation entre mères

MÈRES

– Il est très difficile de trouver le juste milieu. Faut-il continuellement dire aux enfants de ne pas faire ceci, de ne pas faire cela, ou bien les laisser libres d'agir comme bon leur semble? D'un autre côté, vous ne pouvez pas leur permettre de saccager la maison.

– Nous avons emménagé dans notre nouvel appartement il y a un an. Il nous a fallu l'équiper entièrement, et tout acheter pour le bébé en plus. J'ai décidé de lui laisser toute liberté dans l'appartement, en conséquence de quoi c'est une petite fille heureuse.

– Oui, mais elle a quoi – vingt mois?

– Vingt et un mois et elle est très active. *(Elles parlent toutes ensemble.)*

– Trois ans! Trois ans, ce n'est pas tout à fait la même chose que vingt mois. *(Toutes ensemble.)*

– En tout cas, je suis résolue à maintenir cette attitude.

– Lui octroyez-vous la même liberté quand vous êtes en visite chez des amis?

– Pour le moment, oui. Elle est très curieuse, ce qui est normal à son âge.

– À mon avis, la question des bonnes manières des enfants en visite dépend en grande partie de la marge de manœuvre qu'on leur consent à la maison. S'ils ont toute latitude pour gambader et fouiner, alors en un sens, ils n'ont pas...

– Ils sont moins curieux.

– Ils n'ont pas besoin de le faire ailleurs. D'accord, quand vous rentrez des courses, votre enfant s'emparera du sac de riz si vous avez eu la sottise de le laisser traîner et en déversera le contenu par terre. *(Rires.)* Mais ce n'est pas l'enfant qui fait une bêtise. C'est vous qui avez été stupide. Enfin, quand ma fille fait ce genre de choses, je sais que plus vite nous irons au bac à sable, où elle peut se dépenser autant qu'elle le souhaite, mieux ce sera pour tout le monde. *(Toutes ensemble.)*

– Est-ce qu'elle ne se lasse jamais du bac à sable? Ne trouve-t-elle pas le riz plus fascinant?

– Bien sûr que si. Mais tout de même, tenez, prenons le cas des flaques par exemple. Quelqu'un m'a fait découvrir cela. La première année, j'ai fait garder ma fille à mi-temps. À l'époque, je donnais encore des cours. (Avant d'avoir un deuxième enfant, j'avais décidé de continuer à enseigner.) Sa baby-sitter la laissait parfois patauger dans les flaques, avec ses chaussures de tous les jours. À d'autres moments, elle lui disait : « Bon, cette fois-ci, tu ne dois pas marcher dans les flaques parce que je viens de t'habiller. On doit sortir et je ne peux pas te changer maintenant. » Dans ce cas, la petite s'abstenait d'y aller. J'ai appris là une leçon très précieuse. Bref, si vous laissez votre enfant relativement libre dès lors que ce qu'il fait ne vous cause pas trop de désagréments, il se contiendra si vous lui expliquez bien la raison pour laquelle il faut qu'il se contienne à tel ou tel autre moment. *(Toutes ensemble.)*

– Et votre fille ne se met pas en colère?

– Ça ne sert à rien de leur annoncer ça brusquement. Il faut les y préparer.

– Rien ne vous empêche de faire de vos explications un jeu : « Si on jouait plutôt à ça », pourriez-vous dire, en les éloignant doucement de ce qui les occupe et que vous jugez destructeur, dès lors que vous avez trouvé quelque chose d'autre pour les distraire. *(Toutes ensemble.)* Moi aussi... j'explique rationnellement. Il s'agit de distraire l'enfant de ce qu'il est en train de faire, tout en l'incitant à s'investir dans autre chose.

– En détournant son attention ?

– C'est ça, oui.

– À mon avis, tout dépend du nombre d'interdictions qu'on leur impose. Par exemple, quand notre aînée était toute petite, il y avait deux choses que nous lui interdisions de toucher. D'abord les plantes vertes que nous avions dans le salon. Nous ne voulions pas qu'elle tire sur les feuilles. Ensuite les fils électriques qui pendaient ici et là dans l'appartement. Là-dessus, nous étions catégoriques. Pour le reste, en fait, si elle risquait d'abîmer quelque chose, il nous suffisait de le mettre hors de sa portée.

– C'est assurément la solution la plus sage. *(Toutes ensemble.)*

– Sur ces deux choses, c'était toujours « non ». En dehors de ça, elle était libre. De sorte que lorsqu'on lui interdisait quelque chose de nouveau, même pour une raison qu'elle ne comprenait pas, on savait qu'elle se soumettrait.

– J'ai commencé à faire la même chose avec mon enfant, avec autant de succès.

– Il y a des fois où vous ne pouvez pas faire autrement que dire « non ». Quand un enfant a vingt et un mois, on peut toujours mettre les choses hors de sa portée ; il n'est probablement pas encore capable de grimper. Pour ce qui est des prises, en revanche, il semble qu'on ne puisse pas faire grand-chose.

– Il faut faire installer des prises convenables. Il existe des modèles spéciaux pour les appareils ménagers.

– Je crois qu'il suffit de décider quand on doit dire « non » et s'y tenir. Mieux vaut recevoir une fessée qu'un choc, électrique ou autre.

– On ne peut pas toujours se permettre de déplacer toutes les prises ! *(Toutes ensemble.)*

– Ce n'est pas toujours aussi facile qu'on le dit, d'imposer des règles strictes et de s'y tenir ! À mon avis, si vous émettez une seule et unique interdiction qui semble suffisamment intéressante et importante aux yeux de l'enfant, il sera d'autant plus fasciné. Prenez le cas des allumettes : il pensera que les allumettes sont justement ce qu'il y a de plus intéressant dans la maison, pour la bonne raison que vous vous êtes montrée catégorique à leur égard. Personnellement, je pense qu'il faut les laisser jouer avec des allumettes.

– Quelqu'un a-t-il essayé de leur apprendre à les gratter en les tenant loin d'eux ?...

– ... mais cela les fascine encore davantage.

– Je ne sais pas, je trouve tout de même que c'est une bonne approche que de montrer aux enfants ce qui pourrait arriver s'ils continuent à jouer avec.

– Même au point de les laisser se brûler littéralement les doigts ?

– Je ne sais pas. Je suppose que ce serait un peu dur, mais s'ils peuvent s'en approcher suffisamment pour se rendre compte que c'est une source de chaleur intense et qu'ils risquent de se faire mal... Notez qu'il y a d'autres moyens d'apprendre ce qu'est la chaleur.

– Oui, moi j'ai eu de la chance. Mon enfant a touché un jour le porte-serviettes électrique qui était bouillant. Il s'est brûlé et j'ai dit « chaud ».

– Quand mon cadet se fait mal, il comprend – en tout cas je présume qu'il comprend – pourquoi il souffre, mais cela ne l'empêche pas de refaire exactement la même chose le lendemain.

– C'est une question de tempérament, j'en suis convaincue. À dix-huit mois, mon aînée a ingurgité une bouchée de bacon brûlant. Je l'ai mise en garde contre le « chaud ». Depuis ce jour-là, je crois bien qu'elle ne s'est plus jamais brûlée. Elle sait ce que « chaud » veut dire. Elle a beaucoup d'imagination, et puis elle a passablement peur de se brûler. Pour la deuxième, c'est tout différent. Des bouchées de bacon brûlant, elle en a mangé des tas.

– Il y a certaines choses qu'ils ne doivent pas faire, sans risquer pour autant de se faire mal. Prenons le cas d'une cuisinière à gaz à allumage automatique. Il suffit que mon petit garçon trouve l'allume-gaz pour que le gaz arrive. Cela ne lui fait pas mal, mais la flamme s'allume et cela peut causer beaucoup de dommages à tout ce qui se trouve sur la cuisinière. Il sait que c'est interdit et secoue d'ailleurs la tête tout en le faisant. *(Rires.)*

– N'est-ce pas le moment de lui donner une bonne tape?

– Ne faut-il pas être aux aguets, de sorte qu'à l'instant même où il s'approche du danger, vous l'en éloignez au plus vite? *(Toutes ensemble.)*

– C'est la responsabilité de la mère. L'enfant ne devrait pas être dans la cuisine. Un point c'est tout. En vérité, vous ne pouvez vous en prendre qu'à vous.

– Mais si on est en train de faire la lessive ou la cuisine? *(Toutes ensemble.)*

– On ne peut pas laisser un enfant indéfiniment dans son parc.

– Oh, je sais bien, mais je pense qu'il y a un moyen de régler en grande partie ce genre de problème. Par la diversion. Si un enfant s'approche un peu trop de la flamme du gaz, donnez-lui quelque chose de tout aussi attrayant mais de moins dangereux à faire. Il en va de même avec les plus grands. Il faut constamment leur rappeler qu'ils doivent éloigner les manches de casserole de peur qu'un petit ne vienne et n'en renverse le contenu sur lui.

– Nous avons de la chance. Notre cuisine donne directement sur la salle à manger et nous autorisons les enfants à se servir de cette pièce comme salle de jeux. J'essaie de les y cantonner. Mais je ne ferme pas la porte de communication. Tant qu'ils savent que je suis à côté, tant qu'ils peuvent me voir s'ils le souhaitent, ils restent presque toujours là.

– Quel âge ont-ils?

– Oh, c'est comme ça depuis le début, depuis

qu'ils ne vont plus dans leur parc, vers un an environ. Ils viennent guigner dans la cuisine de temps en temps et puis ils retournent à leurs jeux.

– Ne trouvez-vous pas que cette nécessité d'être continuellement aux aguets, en quête de diversions, de devoir leur répéter sans arrêter les mêmes choses, etc., est ce qu'il y a de plus fatigant?

– Oui. *(Toutes ensemble.)*

– Sans compter qu'il y a toujours un problème de temps. On veut faire tellement de choses à la fois! La cuisine, les couches... Quelqu'un frappe à la porte... Brusquement, vous vous retournez et vous vous apercevez que votre petit garçon est en train de jouer avec le robinet du gaz, ou bien qu'il essaie de brancher un chauffage électrique que vous avez oublié de ranger la veille au soir. Voilà le genre de choses qui se produisent – mais il est impossible de tout prévoir à l'avance.

DWW

J'imagine que ces mères ont continué à bavarder et à échanger leurs points de vue en buvant une tasse de thé. Nous devons cependant les abandonner là.

Cette semaine, comme je l'ai précisé plus tôt, je me contenterai de faire un bref commentaire général. Lors des deux prochaines émissions, en revanche, je souhaiterais reprendre certains points soulevés et les développer. J'ai toujours du plaisir à écouter les gens s'exprimer sur leur spécialité. Qu'il s'agisse de paysans parlant de blé, de seigle ou de pommes de terre, ou d'artisans évoquant le domaine qui est le leur. Par exemple, ces femmes soulignent la différence entre un bébé de vingt-quatre mois et un enfant de trois ans. Elles sont conscientes des changements considérables qui surviennent mois après mois. À un an, un enfant saisira le sens de quelques mots seulement, alors qu'à vingt-quatre mois les explications verbales commencent à constituer un bon moyen de communication et une méthode efficace pour obtenir leur coopération lorsque vous souhaitez leur interdire quelque chose. D'après la conversation qui précède, on constate qu'il y a plusieurs étapes successives. J'ai pu en identifier trois. Au cours de la première, vous êtes totalement responsable tout le temps. Ensuite, vous entreprenez de faire comprendre certains interdits à votre bébé parce que vous discernez, avec raison, les premières lueurs de son intelligence. Il commence à faire la distinction entre ce qui est autorisé et ce qui ne l'est pas. Il ne s'agit pas de bien ou de mal sur le plan moral; vous êtes simplement en train de lui faire prendre conscience des périls contre lesquels vous cherchez à le prémunir. Je pense que vos « non » se fondent sur l'idée de dangers réels. Souvenez-vous de la manière dont deux des mères parlent de la chaleur. À un moment approprié, elles prononçaient le mot « chaud », associant ainsi le danger à la douleur. Or de nombreux dangers ne sont pas liés de façon aussi simple à la douleur, de sorte qu'un « non » catégorique doit suffire jusqu'à ce que le stade suivant soit atteint. Parvenus à la troisième étape, vous êtes en mesure de vous assurer la coopération de l'enfant en lui fournissant une explication. Le langage entre alors en ligne de compte. « Non », parce que c'est chaud. « Non », parce que j'ai dit « non ». « Non », parce que je tiens à cette plante, sous-entendant que si votre enfant la maltraite, vous ne l'aimerez plus autant pendant quelques minutes.

J'ai parlé de trois étapes, mais en fait elles se chevauchent. Pour commencer, la responsabilité vous incombe à part entière, de sorte que s'il se produit quelque chose de fâcheux, vous ne pourrez vous en prendre qu'à vous-même. Cette phase ne passe que très lentement. En réalité, vous continuez à assumer toute la responsabilité par la suite, mais vous bénéficiez d'un certain soulagement à mesure que l'enfant devient apte à comprendre les choses. Le jour où cette première étape s'inscrit définitivement dans le passé, votre enfant a dépassé le stade du besoin d'un contrôle familial pour devenir un membre indépendant de la société.

Au cours de la deuxième étape, vous imposez à l'enfant votre vision du monde, ainsi que vous-même. À partir de là, vous passerez à la troisième phase, celle des explications; mais la rapidité de ce changement et la manière dont il se produit dépendent tant de l'enfant que de vous-même. Nous reprendrons ces points la semaine prochaine. Peut-être vous rendez-vous compte déjà que la question de l'interdiction est plus complexe qu'il n'y paraît au premier abord.

*
* *

Lors de notre dernière émission, nous avons assisté à une conversation entre mères sur l'interdiction, et j'y ai ajouté un bref commentaire. Cette semaine et la semaine prochaine, j'évoquerai certaines des idées qui me sont venues à l'esprit pendant que j'écoutais ces discussions. Auparavant, je voudrais préciser un point touchant à l'ensemble du débat. Dans mon travail, j'apprends beaucoup sur les difficultés que connaissent les mères lorsqu'elles sont dans une mauvaise passe. Il arrive qu'elles aient de gros problèmes personnels qui les empêchent de se réaliser, même si elles savent comment elles doivent s'y prendre. Ou bien leur mari n'est jamais là ou il ne leur apporte pas le soutien nécessaire, à moins qu'il ne s'interpose ou qu'il soit jaloux. Certaines femmes doivent élever leur enfant toutes seules. D'autres sont prises au piège de situations adverses, dues à la pauvreté, à un logement trop exigu, à un voisinage hostile... À telle enseigne qu'elles ne savent plus où elles en sont. Sans oublier celles qui prennent soin des bébés d'autres femmes.

J'ai le sentiment que les mères réunies ici pour parler de la gestion de leur progéniture appartiennent à la catégorie commune des gens sains et heureux, jouissant de la sécurité indispensable quand ils veulent s'atteler aux véritables problèmes inhérents aux soins maternels. Je sais que la plupart des mères ressemblent à celles que nous avons entendues, mais je tiens à attirer l'attention sur le fait qu'elles sont heureuses parce que nous passerions à côté de quelque chose d'important si nous tenions la chance pour une chose acquise ; parce que je pense à toutes les mères qui sont peut-être à l'écoute et qui, inhibées, malheureuses, frustrées, n'y arrivent pas ; enfin parce que tout le monde ne souhaite, au fond, qu'une seule chose : réussir.

Ceci étant posé, je vous rappelle les trois étapes que j'ai évoquées lors de notre dernière émission. Au départ, je l'ai dit, vous êtes prise dans un processus qui vous rend totalement responsable de votre enfant, qu'il vous appartient de protéger. Puis vient le moment où vous pouvez lui dire « non », auquel succède le temps des explications.

Je voudrais apporter quelques précisions supplémentaires à propos de cette première étape de responsabilité totale. Dans quelques mois, vous serez en mesure de dire que pas une seule fois vous n'avez laissé tomber votre enfant, même si vous vous trouviez continuellement frustrée car dans l'incapacité de satisfaire tous ses besoins. Ce qui, fort heureusement, n'est pas nécessaire. Personne n'a ce pouvoir. Il n'est donc pas question d'interdiction à ce stade, et je vous rappelle que cette première phase se confond avec les suivantes. Elle se prolonge jusqu'à ce que votre enfant devienne adulte, indépendant du contrôle familial. Vous ferez des choses que je ne recommanderais pas, mais je doute que vous laisserez jamais tomber votre enfant, hormis s'il n'y a absolument pas moyen de faire autrement.

Lors de la phase suivante, l'interdiction apparaît. Vous la communiquez d'une manière ou d'une autre, peut-être simplement en faisant « Brrrhh », ou bien en fronçant le nez ou les sourcils. Le recours au mot « non » est une bonne méthode, à moins que l'enfant ne soit sourd. Je pense que si vous êtes heureuse, vous n'aurez aucun mal à imposer ces interdictions sur une base pratique, instaurant ainsi chez l'enfant un mode de vie qui s'accorde avec le vôtre et avec le monde qui vous entoure. Les mères malheureuses, du fait même de leur infortune, ont tendance à exagérer le côté aimant et heureux des soins maternels ; quand elles disent « non », c'est simplement parce qu'elles sont irritables et c'est malgré elles.

Vient ensuite le troisième stade, que j'appelle l'étape des explications. Certaines se sentent soulagées de pouvoir enfin parler à leur enfant avec l'espoir d'être comprises par lui ; mais j'insiste : ce qui s'est produit dans les étapes précédentes est incontestablement la base de tout.

À présent, je voudrais vous remettre en mémoire une partie de la conversation, où une mère explique qu'elle a choisi de n'introduire qu'une seule interdiction à la fois. À mon avis, il est important de noter qu'elle avait les idées claires sur ce qu'elle était prête à autoriser et ce qu'elle refuserait d'accorder. Si ses idées avaient été confuses à ce sujet, le bébé aurait été privé de quelque chose de précieux. Écoutez une nouvelle fois cet extrait de la conversation entre mères :

MÈRES

– À mon avis, tout dépend du nombre d'interdictions qu'on leur impose. Par exemple, quand notre aînée était toute petite, il y avait deux choses que nous lui interdisions de toucher. D'abord les plantes vertes que nous avions dans le salon. Nous ne voulions pas qu'elle tire sur les feuilles. Ensuite les fils électriques, qui pendaient ici et là dans l'appartement. Là-dessus, nous étions catégoriques. Pour le reste, en fait, si elle risquait d'abîmer quelque chose, il nous suffisait de le mettre hors de sa portée.

– C'est assurément la solution la plus sage. *(Toutes ensemble.)*

– Sur ces deux choses, c'était toujours « non ». En dehors de ça, elle était libre. De sorte que lorsqu'on lui interdisait quelque chose de nouveau, on savait que pour une raison qu'elle ne comprenait pas, elle se soumettrait.

– J'ai commencé à faire la même chose avec mon enfant, avec autant de succès.

DWW

On voit ici l'aptitude d'une mère à s'adapter aux besoins de l'enfant en démarrant sur une base simple, appelée à devenir de plus en plus complexe. Dans un premier temps, l'enfant doit assimiler deux « non », auxquels d'autres s'ajouteront certainement. De cette façon, on évite une confusion inutile.

Revenons à présent à la technique qui consiste à recourir à un seul mot avant qu'une explication puisse être donnée verbalement. Dans le passage qui suit, le mot « chaud » nous conduit exactement à la charnière des étapes deux et trois, comme je les appelle.

MÈRES

– Même au point de les laisser se brûler littéralement les doigts?

– Je ne sais pas. Je suppose que ce serait un peu dur, mais s'ils peuvent s'en approcher suffisamment pour se rendre compte que c'est une source de chaleur intense et qu'ils risquent de se faire mal... Notez qu'il y a d'autres moyens d'apprendre ce qu'est la chaleur.

– Oui, moi j'ai eu de la chance. Mon enfant a touché un jour le porte-serviettes électrique qui était bouillant. Il s'est brûlé et j'ai dit « chaud ».

– Quand mon cadet se fait mal, il comprend – en tout cas je présume qu'il comprend – pourquoi il souffre, mais cela ne l'empêche pas de refaire exactement la même chose le lendemain.

– C'est une question de tempérament, j'en suis convaincue. À dix-huit mois, mon aînée a ingurgité une bouchée de bacon brûlant. Je l'ai mise en garde contre le « chaud ». Depuis ce jour-là, je crois bien qu'elle ne s'est plus jamais brûlée. Elle sait ce que « chaud » veut dire. Elle a beaucoup d'imagination, et puis elle a passablement peur de se brûler. Pour la deuxième, c'est tout différent. Des bouchées de bacon brûlant, elle en a mangé des tas.

– Il y a certaines choses qu'ils ne doivent pas

faire, sans risquer pour autant de se faire mal. Prenons le cas d'une cuisinière à gaz à allumage automatique. Il suffit que mon petit garçon trouve l'allume-gaz pour que le gaz arrive. Cela ne lui fait pas mal, mais la flamme s'allume et cela peut causer beaucoup de dommages à tout ce qui se trouve sur la cuisinière. Il sait qu'il ne devrait pas faire ça et secoue d'ailleurs la tête tout en le faisant. *(Rires.)*

– N'est-ce pas le moment de lui donner une bonne tape ?

DWW

... Peut-être. En tout cas, à la manière dont ces mères s'expriment, on voit que c'est dans l'expérience vécue à chaque instant que s'effectue le travail important. Il n'y a pas de leçons particulières à inculquer, et aucun moment préétabli pour apprendre. L'apprentissage en la matière procède de la manière dont les gens concernés réagissent. Je tiens à le répéter, toutefois : rien n'affranchit les mères de leur perpétuelle tâche de vigilance.

MÈRES

– D'accord, quand vous rentrez des courses, votre enfant s'emparera du sac de riz si vous avez eu la sottise de le laisser traîner et en déversera le contenu par terre. *(Rires.)* Mais ce n'est pas l'enfant qui fait une bêtise. C'est vous qui avez été stupide. Enfin, quand ma fille fait ce genre de choses, je sais que plus vite nous irons au bac à sable, où elle peut se dépenser autant qu'elle le souhaite, mieux ce sera pour tout le monde.

DWW

Il est vrai que c'est de sa faute si l'enfant a renversé du riz partout, n'est-ce pas? Mais j'imagine tout de même que cela l'a agacée!... Quelquefois, c'est simplement une question d'architecture, de disposition des pièces. Un carreau de verre dans la porte séparant la cuisine et la salle de jeux de l'enfant suffit parfois.

MÈRES

– Nous avons de la chance. Notre cuisine donne directement sur la salle à manger et nous autorisons les enfants à se servir de cette pièce comme salle de jeux. J'essaie de les y cantonner. Mais je ne ferme pas la porte de communication. Tant qu'ils savent que je suis à côté, tant qu'ils peuvent me voir s'ils le souhaitent, ils restent presque toujours là.

– Quel âge ont-ils?

– Oh, c'est comme ça depuis le début, depuis qu'ils ne vont plus dans leur parc, vers un an environ. Ils viennent guigner dans la cuisine de temps en temps et puis ils retournent à leurs jeux.

DWW

Oui, elle a vraiment de la chance que ces pièces soient disposées de cette façon!

Ensuite, il est question de la tension qu'une vigilance de tous les instants impose aux mères. C'est particulièrement vrai, à mon avis, lorsqu'une femme avait un emploi à plein temps avant de se marier, de sorte qu'elle a connu la satisfaction que la plupart des hommes éprouvent dans leurs activités professionnelles, celles de pouvoir se concentrer sur son travail avant de rentrer chez soi pour se détendre. Le monde n'est-il pas quelque peu injuste vis-à-vis des femmes à cet égard ? Voyons ce que notre groupe a à dire à ce sujet.

MÈRES

– Ne trouvez-vous pas que cette nécessité d'être continuellement aux aguets, en quête de diversions, de devoir leur répéter sans arrêt les mêmes choses, etc., est ce qu'il y a de plus fatigant ?

– Oui. *(Toutes ensemble.)*

– Sans compter qu'il y a toujours un problème de temps. On veut faire tellement de choses à la fois ! La cuisine, les couches... Quelqu'un frappe à la porte... Brusquement, vous vous retournez et vous vous apercevez que votre petit garçon est en train de jouer avec le robinet du gaz, ou bien qu'il essaie de brancher un chauffage électrique que vous avez oublié de ranger la veille au soir. Voilà le genre de choses qui se produisent – mais il est impossible de tout prévoir à l'avance.

DWW

Effectivement, c'est impossible. Heureusement, cette vigilance de tous les instants n'est pas éternelle, même si vous avez l'impression du contraire. Elle ne dure qu'un laps de temps limité pour chaque enfant. Trop vite, le nourrisson devient un bambin qui commence à marcher, puis va à l'école, et cette surveillance est alors partagée avec les enseignants. Quoi qu'il en soit, le « non » reste un élément essentiel du vocabulaire des parents, et l'interdiction demeure une partie intégrante de ce que pères et mères s'ingénient à faire quotidiennement, jusqu'au moment où l'enfant rompt à sa manière avec le contrôle parental et choisit un mode de vie et une existence qui lui sont propres.

En attendant, il y a un certain nombre de points importants auxquels je n'ai pas eu le temps de me référer. Je me réjouis donc d'avoir la possibilité de poursuivre la semaine prochaine.

***

Cette semaine, je vais continuer à parler de l'interdiction chez les bébés et les enfants. Comme je l'ai fait précédemment, je m'en tiendrai à mes trois étapes, car c'est une manière commode de développer les thèmes relatifs aux « quand », « pourquoi » et « comment » de l'interdiction. Je souhaiterais décrire une nouvelle fois ces phases successives bien que dans un langage différent, de sorte que, si vous n'avez pas écouté la semaine dernière ou si vous avez déjà tout oublié cela n'aura pas grande importance.

J'ai déjà indiqué que ces trois étapes se chevauchaient. La première ne s'achève pas au moment où commence la deuxième, et ainsi de suite. La phase numéro un débute avant que vous n'ayez commencé à dire « non ». L'enfant ne comprend pas encore, vous dominez totalement la situation et il ne saurait en être autrement. Vous assumez pleinement vos responsabilités. Cette prise en charge va s'amenuisant mais ne s'arrête jamais vraiment tant que votre enfant n'est pas devenu adulte, c'est-à-dire au moment où il n'a plus besoin du contrôle qu'exerce la famille.

Cette première étape relève fondamentalement de l'attitude des parents ; le père lui-même (s'il existe et s'il est là) ne tarde pas à prendre une part active dans l'établissement et le maintien de cette attitude. J'aborderai les deux prochaines étapes plus tard : elles sont liées aux mots, alors que la première n'a strictement rien à voir avec le langage. Au départ, donc, la mère, et bientôt le père se chargent d'empêcher tout événement inattendu. Ils peuvent le faire délibérément, mais cela se passe principalement dans leurs corps pour ainsi dire, leur mode de comportement reflétant au fond une attitude mentale. Le bébé se sent en sécurité et *absorbe* la confiance que sa mère a en elle-même, de la même façon qu'il ingurgite son lait. Durant toute cette période, les parents disent « non », mais c'est *au monde* qu'ils s'adressent : « Non, restez à l'écart, maintenez-vous en dehors de notre cercle ; dans notre cercle se trouve la chose à laquelle nous tenons le plus et rien ne franchira cette barrière. » Si l'un des parents se met à avoir peur, alors quelque chose a franchi la barrière en question et le bébé est atteint, exactement comme si un bruit terrible était parvenu à ses oreilles et avait provoqué chez lui une sensation aiguë, insoutenable. Lors des raids aériens, les bébés n'avaient pas peur des bombes. En revanche, ils étaient affectés dès que leur mère se mettait à paniquer. Heureusement, la plupart des bébés traversent les premiers mois de leur vie sans avoir à souffrir de cette façon, et lorsque, pour finir, le monde doit pénétrer à travers les barrières qui le protègent, l'enfant a commencé à mettre au point des méthodes lui permettant de faire face à l'inattendu, voire à le prédire. Nous pourrions parler des différentes défenses que l'enfant acquiert au cours de son développement, mais cela donnerait lieu à un tout autre débat.

De cette phase précoce, où vous admettez que vous êtes responsable à part entière, naît le sens de la responsabilité parentale, qui distingue les adultes des enfants et rend peut-être absurde le jeu que certains parents aiment à jouer, et dans lequel ils tentent d'être des « copains » pour leurs enfants. En fin de compte, les mères doivent être en mesure de dévoiler progressivement à leurs bébés une partie des dangers dont elles les prémunissent, tout en leur révélant le type de comportement susceptible d'affecter leur amour et leur attachement. C'est ainsi qu'elles se retrouvent dans les situations où elles disent « non ».

Nous voyons à présent se profiler la deuxième étape, au cours de laquelle la mère cesse de repousser le monde extérieur et commence à imposer des interdictions à l'enfant. À cet égard, certains parlent d'introduction du principe de réalité. Peu importe le nom qu'on attribue à cette phase : les parents présentent peu à peu l'enfant à la réalité et la réalité à l'enfant. L'interdiction est l'un des moyens de parvenir à cette fin. Vous serez heureux de me l'entendre dire : l'interdiction n'est qu'une des méthodes envisageables. Il en existe une autre. « Oui » est le fondement du « non ». Certains bébés sont élevés sur la base de l'interdiction. La mère estime peut-être que les impératifs de la sécurité exigent qu'elle souligne les multiples situations susceptibles d'être dangereuses. Il est regrettable qu'un enfant ait à découvrir le monde de cette façon-là. La plupart des enfants peuvent recourir à l'autre méthode. Leur univers en expansion est lié au nombre croissant d'objets et de types d'objets que leur mère met à leur disposition. Dans ce cas, le développement de l'enfant tient plus à ce que sa mère autorise qu'à ce qu'elle lui interdit. « Oui » constitue la trame sur laquelle s'ajoute le « non ». Bien entendu, cela ne saurait suffire à couvrir entièrement l'apprentissage nécessaire; il s'agit simplement de savoir si l'enfant se développe principalement suivant telle ou telle tendance. Il arrive que les bébés soient extrêmement méfiants dès leur plus jeune âge, et je dois vous rappeler qu'il existe toutes sortes d'enfants; cependant, la plupart d'entre eux sont capables de faire confiance à leur mère, pendant une période tout au moins. En règle générale, ils veulent les objets et le genre de nourriture auxquels cette dernière a donné son approbation. N'est-il pas vrai que toute la première étape n'est, au fond, qu'un grand « oui » ? Ceci pour la bonne raison que vous ne laissez jamais tomber votre enfant. Vous ne vous relâchez jamais vraiment dans la tâche qui vous incombe. C'est ce grand « oui » tacite qui donne à l'enfant une base solide pour sa vie future dans le monde.

Je sais que tout cela est beaucoup plus complexe. Bientôt, l'enfant devient agressif et acquiert des idées destructrices puis, naturellement, la confiance facile que lui inspire sa mère connaît des failles. À certains moments, celle-ci va jusqu'à éprouver à son égard des sentiments hostiles, même si elle reste fidèle à elle-même. Cependant, il n'est nul besoin de traiter ce genre de complication ici, dans la mesure où nous avons déjà amplement de quoi réfléchir lorsqu'on voit à quelle cadence le monde se complique pour l'enfant dans la réalité – celle de l'extérieur. Ainsi, si la mère a instauré un lot d'interdits, la grand-mère, complaisante, en a un autre. Il se peut aussi qu'il y ait une nourrice. De surcroît, les mères ne sont pas toutes des scientifiques ; elles ont toutes sortes de convictions indémontrables. Par exemple, une mère peut estimer que tout ce qui est vert est toxique et ne doit pas être porté à la bouche. Comment voulez-vous qu'un bébé sache qu'un objet vert est toxique alors qu'un objet jaune ne représente aucun danger ? Et si on a affaire à un enfant daltonien ? J'ai connu un bébé dont deux personnes s'occupaient, l'une droitière, l'autre gauchère. Il n'a jamais pu s'y faire ! Nous nous attendons à des complications mais, inexplicablement, les jeunes enfants franchissent le cap et passent au troisième stade, celui des explications. Ils sont alors à même d'acquérir de la sagesse en puisant dans les réserves de notre savoir; ils peuvent apprendre ce que nous croyons savoir et, mieux, ils sont désormais sur le point de pouvoir réfuter les raisons que nous leur donnons.

Pour résumer ce que j'ai dit jusqu'à présent : au départ, il est uniquement question de soins maternels et de dépendance, quelque chose qui s'apparente assez à la foi. Puis la morale entre en jeu; la version maternelle de l'éthique devra faire l'affaire jusqu'à ce que l'enfant développe son propre code moral. Avec les explications vient une base propre à la compréhension, et la compréhension est synonyme de science et de philosophie. N'est-il pas fascinant d'assister aux commencements de grandes choses comme celles-là dès leur tout premier stade?

Encore un mot à propos du « non » maternel. N'est-ce pas aussi la première manifestation du père? Dans une certaine mesure, les pères ressemblent aux mères; ils peuvent faire du baby-sitting et beaucoup d'autres choses, tout comme une femme. Toutefois, en tant que pères, il me semble qu'ils apparaissent initialement à l'horizon du bébé comme le côté rigide de la mère, qui lui permet de dire « non » et de s'y tenir. Progressivement, et avec un peu de chance, ce principe d'interdiction s'incarne dans l'homme lui-même, « Papa », qui devient aimé, est même apprécié, et qui peut de temps à autre administrer une petite tape sans que cela lui porte préjudice. Cependant, s'il s'y hasarde, il doit en acquérir le droit, et pour cela il faut qu'il soit présent et qu'il évite de prendre le parti de l'enfant contre sa mère. Au départ, vous n'apprécierez peut-être pas l'idée d'incarner ce « non »; mais vous l'accepterez peut-être plus volontiers quand je vous aurai rappelé que les petits enfants aiment qu'on leur dise « non ». Ils ne tiennent pas à jouer éternellement avec des objets doux; ils apprécient aussi les pierres et les bâtons, les sols durs, et ils aiment autant se faire remettre à leur place qu'être cajolés.

V

La jalousie des bébés
(1960)

DWW

Que pensez-vous de la jalousie? Est-ce bien ou mal? Normal ou anormal? En écoutant la conversation qui va suivre, entre mères de jeunes enfants, il serait judicieux que vous ayez cette question à l'esprit chaque fois qu'une manifestation de ce sentiment sera mentionnée, sous quelle forme que ce soit. La jalousie est-elle inévitable ou symptomatique d'une erreur de parcours? À mon avis, la réponse est forcément complexe; mais inutile de la compliquer davantage. Nous commencerons donc par évoquer des extraits de la conversation ayant trait à des événements susceptibles de se dérouler dans n'importe quel foyer. Je n'hésiterai pas à préciser dès à présent qu'à mon avis la jalousie est un phénomène normal et sain. Ce sentiment est lié au fait que les enfants sont capables d'amour. S'ils n'avaient pas cette aptitude, ils ne manifesteraient pas de jalousie. Par la suite, nous nous pencherons sur les aspects malsains de la jalousie, la jalousie cachée en particulier. Je pense qu'au travers des récits de ces mères vous découvrirez que la jalousie arrive naturellement à son terme, même si elle peut resurgir avant de disparaître à nouveau. Au bout du compte, les enfants sains sont en mesure de dire qu'ils sont jaloux et de parler de la cause de leur jalousie, ce qui facilite quelque peu la situation. Je soutiens que la première chose à dire à propos de la jalousie, c'est qu'elle représente un pas en avant dans le développement de l'enfant, tout en donnant la preuve de son aptitude à aimer.

D'autres accomplissements permettront à l'enfant de tolérer le fait d'être jaloux. Les premières jalousies s'expriment d'ordinaire à l'occasion de l'arrivée d'un nouveau bébé dans la maison, mais on sait que ce sentiment ne saurait être évité par le fait qu'il n'y a qu'un seul enfant au sein d'une famille. En effet, tout ce qui absorbe le temps de la mère peut susciter de la jalousie, autant qu'un bébé. Je pense sincèrement que les enfants qui ont été confrontés à la jalousie et qui ont réussi à en venir à bout sortent enrichis de cette expérience. Voilà mon avis. À présent, je suggère que nous écoutions quelques mères nous parler de jalousie et répondre à certaines questions.

MÈRES

– Mme S., vous avez, je le sais, huit enfants. Ont-ils été jaloux les uns des autres ?

– Cela a effectivement été le cas pour deux ou trois d'entre eux. L'aîné avait quinze mois lorsque le deuxième est né. Un jour, j'étais en train de nourrir le petit alors qu'il avait environ trois semaines. L'aîné lui caressait les cheveux en chantonnant « bé-bé » si gentiment que j'ai dit : « Il est adorable, tu ne trouves pas? » La minute d'après, sa voix a changé, son expression aussi, et il s'est mis à le frapper sur la tête tout en continuant à dire « bébé ». C'est alors que j'ai pensé que l'enfant n'était pas si content de la venue du bébé. Une semaine plus tard, j'étais en train de mettre mon chapeau pour sortir lorsque quelque chose m'a incitée à regarder par la fenêtre. Ils étaient tous les deux dans le landau et l'aîné était sur le point d'expédier son petit frère par-dessus bord. J'ai rapidement remédié à la situation en remettant le plus grand à la place qu'il occupait précédemment dans le landau et en installant le bébé du côté du guidon. J'ai procédé de la même manière pour tous mes enfants et je n'ai plus jamais eu de soucis à me faire. Ils n'aiment pas se sentir écartés. Quant à mon aîné, il m'a fait toutes sortes de scènes, il a énormément pleuré et tapé du pied, et je pense que c'était à cause du bébé.

– Est-il toujours jaloux?

– Plus du tout. Il a totalement réglé le problème. Il est le plus grand et il est très fier de ses frères et sœurs. Mais pendant un temps il a été terriblement jaloux.

– Mme L., comment les choses se sont-elles passées avec vos trois enfants?

– Eh bien, l'aîné avait deux ans quand son frère

est né et trois ans et demi quand sa petite sœur est arrivée. C'était un enfant facile, heureux et, au départ, en voyant son frère, il n'a pas réagi du tout. Nous avions essayé de le préparer à l'événement. Mais il ne comprenait pas vraiment.

– Il était un peu jeune, je suppose.

– Trop jeune pour comprendre. Son indifférence a duré une semaine ou deux et puis, un jour, il a vu le bébé dans le landau. Il y avait des mois qu'il n'y avait pas été promené lui-même, parce qu'il était trop grand. Pourtant il s'est mis à pleurer amèrement.

– Quel âge avait le bébé à ce moment-là?

– Oh, trois ou quatre semaines environ. Il a pleuré à chaudes larmes et c'est là que tout a commencé, à mon avis. À partir de ce moment-là, chaque fois que je changeais le bébé, l'aîné était immédiatement mouillé ou sale, et il a fallu longtemps pour que les choses s'améliorent. C'est seulement lorsqu'il a été plus grand, et qu'il a compris, qu'il s'est amendé.

– Que s'est-il passé quand sa petite sœur est née?

– Il l'a toujours traitée avec beaucoup de tendresse et d'affection, de même que mon autre garçon.

– Pas d'autres écarts chez aucun d'entre eux?

– Non. Mais plus tard, quand son frère a commencé à s'asseoir et à remarquer ce qui se passait autour de lui, l'aîné est devenu agressif.

– Vous pensez que c'était un signe de jalousie?

– Oh oui, sans aucun doute. Un jour je l'ai trouvé

en train d'essayer d'étouffer le bébé dans son landau. Il était très méchant avec lui. Je dois avouer qu'il m'est arrivé d'user de représailles à son égard, au nom du bébé, parce que je ne pouvais tout simplement pas le supporter. Mais je ne pense pas que c'était une bonne chose. Cela n'a pas du tout arrangé la situation.

DWW

Il s'agit là à mon avis de problèmes familiaux relativement banals. Je tiens à vous rappeler l'âge des enfants concernés, car cela compte énormément. Le bambin qui caressait les cheveux du bébé pendant que ce dernier mangeait, puis qui essaya de le faire tomber du landau, avait quinze mois quand son petit frère est né. Ensuite on a évoqué le cas d'un enfant de deux ans qui, au départ, semblait indifférent à l'arrivée d'un nouveau bébé. On l'avait pourtant prévenu, mais peut-être n'était-il pas en âge de le comprendre? Trois semaines après la naissance de son frère, en voyant le bébé dans le landau qui avait été le sien, il pleura amèrement. Il s'en remit grâce à l'aide compatissante de sa mère mais, par la suite, lorsque son frère commença à s'asseoir et à remarquer ce qui se passait autour de lui, il redevint agressif et méchant, et à une occasion il essaya même d'étouffer le petit dans son landau. Il fallut attendre qu'il ait quatre ans pour qu'il retrouve une attitude positive. Ni lui ni son frère ne furent jaloux de leur petite sœur. Voici la suite de la conversation entre les mères :

– Mme T., y a-t-il des jalousies entre vos sept enfants?

– À dire vrai, les seuls sentiments de jalousie que j'ai constatés se manifestaient chez les filles.

– Combien de filles avez-vous?

– Je n'en ai que deux, voyez-vous. L'aîné est un garçon, puis vient une fille. Ensuite j'ai eu quatre garçons et finalement une autre fille. Jeanne, la plus grande des filles, ne cessait de me demander: « Est-ce qu'on pourrait avoir une petite sœur? » Et chaque fois, c'était un garçon. Elle était de mauvais poil pendant un jour ou deux, et puis cela passait. Un jour, en rentrant de l'école, elle a découvert qu'elle avait une petite sœur. Au début, elle parut folle de joie. Le problème est que la petite était née le 10 du mois et que le 16, c'était l'anniversaire de Jeanne. Elle allait avoir sept ans. Seulement je n'avais pas l'énergie nécessaire pour organiser une fête. De sorte que pendant un mois, chaque soir, en rentrant de l'école, Jeanne prenait son goûter, après quoi elle allait tout droit au lit et pleurait à n'en plus pouvoir. Il n'y avait rien à faire. Elle refusait de nous écouter. Je me disais qu'elle finirait pas s'en remettre. J'étais convaincue que j'arriverais à lui faire oublier. Mais hier, la petite était au lit, malade. En toute innocence, j'ai demandé à la grande : « Jeanne, aurais-tu la gentillesse de m'apporter une chemise de nuit pour Patricia? » Brusquement, elle s'est tournée vers moi et m'a rétorqué : « Non! Pourquoi le ferais-je? Elle n'a qu'à aller la chercher elle-même. Elle est assez grande maintenant. »

– Elle est encore jalouse à votre avis?

– Oui. C'est bien l'impression que cela donne. Pourtant, tout a été paisible depuis que Patricia a environ six semaines. À présent, elle a deux ans, et tout ressort brusquement. J'espère simplement que nous allons pouvoir nous débarrasser de ce problème cette fois encore.

– Et Jeanne n'est pas le moins du monde jalouse de ses frères?

– Non.

DWW

Jeanne s'apprêtait à célébrer son septième anniversaire quand sa petite sœur est née. Comprenant qu'à cause d'elle, elle allait devoir se passer de fête, elle est devenue terriblement jalouse. Cette crise de jalousie dura six semaines, et reprit de plus belle quand elle eut neuf ans et alors que sa sœur n'avait que deux ans. Jeanne n'avait pas été gênée par l'arrivée de quatre bébés de sexe masculin dans cette famille de sept enfants, et elle avait toujours réclamé une petite sœur. Je suppose que la sœur qui arrive n'est pas toujours celle que vous espériez?

Voici encore une autre histoire :

MÈRES

– Mme G., et vos enfants à vous? Avez-vous fait l'expérience de jalousies?

– Oui, sans aucun doute. Ma petite fille a quatre ans et demi aujourd'hui. Elle allait sur ses trois ans quand son petit frère est né. Elle était toute contente d'avoir un petit frère, ou tout au moins qu'il y ait un bébé dans la maison. Pourtant, pour ainsi dire dès le début, nous nous sommes aperçus que si je tenais le bébé dans mes bras, elle allait aussitôt s'asseoir sur les genoux de mon mari, ou vice versa. Elle me demandait toujours que je lui fasse la lecture pendant que je nourrissais le petit ou venait s'asseoir à côté de moi.

– Est-ce que ça fonctionnait ainsi?

– Oui, ça a fonctionné. Sa crise de jalousie est passée, elle s'est dissipée peu à peu, et tout allait très bien jusqu'à ce que son petit frère ait, je dirais, environ un an – quand il s'est mis à déambuler ici ou là, qu'il allait dans son parc, etc. À ce moment-là, nous avons eu toutes sortes d'ennuis à propos des jouets. J'avais ressorti pour le bébé les anciens jouets de la grande. Bien entendu, elle les a reconnus et s'est mise à protester : « C'est à moi, c'est à moi, c'est à moi! » Pendant une période, elle a recommencé à jouer avec des jouets de bébé. J'ai fini par comprendre que je devais en acheter de nouveaux pour le petit, qui seraient exclusivement les siens. Sinon il ne serait pas possible d'avoir la paix.

– Ces jouets tout neufs, elle ne voulait pas jouer avec?

– Oh non! Pour rien au monde elle ne les aurait touchés. En revanche, si elle voyait le petit s'amuser avec ses jouets à elle, même s'il y avait déjà deux ans qu'elle ne s'y intéressait plus, elle voulait aussitôt les reprendre. Cette phase-là a fini par passer aussi, en douceur. Mais le petit vient d'avoir dix-huit mois et tout a recommencé, parce qu'il se déplace et que cette fois-ci, c'est lui qui veut s'emparer de ses affaires à elle.

– Alors c'est une lutte acharnée?

– Effectivement. Elle dispose ses affaires, je lui dis toujours : « Mets-les sur la table de façon à ce qu'il ne puisse pas les atteindre », mais elle les arrange au contraire dans un endroit accessible et lui tourne le dos exprès. Le petit s'approche et commence à tout mettre sens dessus dessous. Alors elle pique une colère, même si en définitive elle est très patiente avec lui.

DWW

Cette fillette avait presque trois ans quand son petit frère est né. Elle était toute contente au début, mais elle se sentait dépossédée par le bébé lorsqu'elle le voyait sur les genoux de sa mère, et elle allait trouver son père. Quand le petit eut un an et elle quatre, elle commença à lui en vouloir de s'être approprié *ses* jouets, même si elle semblait ne plus s'y intéresser depuis un bon moment. Avez-vous remarqué qu'elle disposait ses jouets de façon à ce qu'ils soient à la portée du bébé? Sa mère dit que, la plupart du temps, elle fait preuve de beaucoup de patience vis-à-vis de son petit frère, et j'ai le sentiment qu'elle est contente qu'il joue avec ses jouets à elle, même si elle proteste. Peut-être voit-elle les choses de son point de vue à lui autant que du sien?

Maintenant que vous avez entendu toutes ces histoires, estimez-vous, comme moi, que ces jalousies font partie intégrante d'une vie familiale équilibrée?

*
* *

Je me suis demandé quand et comment naît la jalousie. Quels sont les éléments qui doivent être réunis pour qu'on puisse parler de jalousie, ou d'envie, pour que ces termes aient un sens ? J'introduis ici le mot « envie » dans la mesure où ces deux sentiments sont très étroitement liés, car un enfant jaloux d'un nouveau-né envie à ce dernier le bénéfice de l'attention maternelle. J'ai remarqué qu'aucune mère n'a fait état de la moindre trace de jalousie chez un enfant de moins de quinze mois. Je me demande ce que vous en pensez. J'estime pour ma part que des manifestations de jalousie ou d'envie peuvent être détectées avant cet âge, mais guère plus tôt. À neuf mois, par exemple, un bébé est trop jeune, trop immature en tant qu'individu pour éprouver un tel sentiment. Et aussi probablement à un an, même s'il peut connaître d'occasionnels accès de jalousie. À quinze mois, en revanche, cela ne fait aucun doute. Au fur et à mesure que les enfants grandissent, leur jalousie s'exprime progresssivement, à propos de choses de plus en plus complexes. Au début, toutefois, il est manifestement question d'une relation perturbée, ou d'une menace à l'encontre d'une possession qui fait figure de relation. C'est le rapport avec la mère qui est à la base de la jalousie, même, le temps passant, si cela inclut petit à petit la relation avec le père. Nous avons pu établir qu'en règle générale les premiers sentiments de jalousie sont indiscutablement liés à la mère et sont axés sur la nutrition. Ceci pour la bonne raison qu'au départ c'est un élément vital de l'existence du nourrisson. Pour la mère, cela n'est qu'une des nombreuses choses qu'elle fait pour son enfant; mais dans son optique à elle aussi, cela occupe souvent une place très importante. Voici un autre extrait de la conversation entre mères.

MÈRES

– Mes enfants ont vingt-deux mois d'écart. Lorsque le second est né, comme j'ai accouché à la maison, l'aîné a pu le voir alors qu'il n'avait que quelques minutes. Tout s'est bien passé pendant plusieurs jours. Et puis il s'est trouvé qu'il m'a vue en train de l'allaiter. À partir de ce moment-là, et durant plusieurs mois, il se dressait et se mettait à hurler chaque fois que je nourrissais le petit, sans que je puisse faire quoi que ce soit pour l'en empêcher. J'ai tout essayé pour tenter de le calmer et lui donner tout le réconfort possible, mais c'est très difficile lorsque vous êtes en train d'allaiter un nourrisson. Il se plantait devant moi et s'époumonait. Toutefois, au bout de deux mois environ, cela lui passa. Il paraissait s'être totalement remis de sa jalousie, et puis un jour, alors que son petit frère commençait à s'asseoir, vers l'âge de sept ou huit mois, il nous fit à nouveau la même sérénade. Une véritable crise de jalousie, mais sans les cris.

– ... ma fille était légèrement plus jeune. Elle ne buvait plus au biberon depuis un bout de temps, au point qu'elle ne savait même plus téter. J'ai donc été très surprise quand elle s'est approchée alors que j'allaitais le petit et qu'elle a voulu téter elle aussi. Je me suis dit : « Bon, très bien », mais en définitive elle a changé d'avis. Une fois qu'elle a été tout près, elle a eu une sorte de rejet. J'ai pensé : « D'accord, essaie si c'est ce que tu veux », pour voir ce qui se passerait. Elle est venue réclamer plusieurs fois, y compris récemment, comme s'il s'agissait d'une sorte de plaisanterie. Je ne l'ai jamais repoussée. Au contraire, je lui disais : « Viens, essaie. » Mais elle ne voulait pas. Maintenant que le bébé est au biberon, elle s'y est remise elle aussi. Je lui en ai donné un tout petit, la pauvre enfant, un minuscule biberon, une sorte de symbole, vous comprenez.

– Ma fille aînée s'asseoit sur mes genoux pendant que je nourris le bébé. Je l'allaite, alors vous imaginez que c'est un peu compliqué. (*Rires.*) Elle adore ça, vous savez, elle tapote la tête du petit, le caresse... Mais elle n'a que dix-sept mois, voyez-vous, alors c'est assez différent.

– Nous avons eu des problèmes de jalousie entre les deux aînés, mais aucun entre le deuxième et le troisième. Quand le cadet est arrivé, l'aînée voulait s'asseoir sur les genoux de son père, ou bien elle réclamait quelque chose de spécial, ou encore elle voulait que je lui fasse la lecture pendant que j'allaitais le bébé, ce genre de choses. Et puis cette phase est passée. À présent, notre petit garçon a dix-sept mois, nous subissons de terribles guerres. Ce que l'un a, l'autre le veut à tout prix. Maintenant le petit... (bien sûr, pendant une époque, elle pouvait tout lui prendre puisqu'elle a trois ans de plus que lui)... a une bonne poigne, il se cramponne à ce qu'il tient et hurle. Il ne pleure pas, il hurle littéralement, farouchement, à l'adresse de sa sœur. Cependant, ils sont tous les deux très tendres avec le bébé, et ni l'un ni l'autre ne semble jaloux du dernier arrivé.

– On ne peut pas vraiment parler de jalousie quand ils se disputent pour un objet quelconque, si?

– C'est juste qu'ils cherchent à attirer mon attention.

– Ah! Je vois.

– Vous comprenez, un jouet de bébé que je donne au petit, même s'il s'agit d'un objet auquel ma petite fille ne s'intéresse plus du tout, parce que je le lui ai donné à lui elle le réclamera aussitôt. Si je ne l'avais pas donné au petit, si je l'avais simplement laissé traîner sur la table où elle aurait pu le prendre quand elle l'aurait voulu, elle ne l'aurait même pas remarqué.

DWW

De tout cela vous pouvez déduire qu'une grande partie des problèmes qui surviennent ont trait aux repas. Je reprendrai le dernier passage de la conversation citée pour illustrer ce que je veux dire. Je pense à la petite fille qui se montre ouvertement jalouse de son petit frère, même si ces sentiments s'émoussent avec le temps. Par la suite, le petit garçon – alors âgé de dix-sept mois – et elle se bagarrent à propos de jouets. Remarquez que sa manière à elle de manifester sa jalousie et sa façon à lui de se planter simplement là et de hurler n'ont rien à voir. « Ce n'est pas de la jalousie, souligne une mère. Ils se disputent simplement pour une histoire de possession. » Je suis d'accord avec elle; mais nous avons justement là un exemple commode pour analyser la manière dont se développe la jalousie. J'ai dit qu'il y avait un âge pour ce type de sentiments. J'irai plus loin en disant qu'après un certain âge l'enfant devient jaloux, alors qu'auparavant il se contente de se cramponner à un bien. La possession vient d'abord, la jalousie ensuite.

Je ne peux pas m'empêcher de penser à une agence de location de théâtre qui vante ses services avec le slogan suivant : « Vous voulez les meilleures places, nous les avons. » Cela me rend toujours affreusement jaloux, au point que j'ai envie de me précipiter chez eux pour acquérir ces places que je veux et qu'ils ont. Le problème, c'est qu'il faut que je paie pour les avoir. En utilisant cette image, je dirais que jusqu'à un certain âge, un petit garçon ou une petite fille passe son temps à proclamer : « J'ai la meilleure mère » – bien qu'en d'autres termes. Mais il arrive un moment où l'enfant peut décréter : « J'ai la meilleure mère et tu la veux. » C'est là un nouveau développement qui se révèle toujours douloureux.

Cependant, pour avoir une vision plus claire de la chronologie des événements, il nous faut remonter un peu plus loin en arrière. Une phase précède le moment où l'enfant proclame qu'il a la meilleure mère. À ce stade précoce, le fait qu'il ait la meilleure mère est un postulat ; la réclame n'y a pas sa place. La mère, et tout ce qui la représente, est considérée comme acquise par le nourrisson. Puis vient la période des proclamations : « J'ai la meilleure mère. » Le bébé commence alors à comprendre que sa mère n'est pas simplement une partie de son *self*, qu'elle vient de l'extérieur, qu'il arrive qu'elle ne vienne pas, et qu'il peut y avoir d'autres mères. Pour le bébé, la mère devient une possession, à laquelle il peut se cramponner ou qu'il peut laisser tomber. Tout ce processus exige que l'enfant soit parvenu à un stade de développement que nous qualifions de *croissance émotionnelle*. Puis vient la deuxième partie du slogan : « Et tu la veux. » Toutefois, il ne s'agit pas encore de jalousie ; il est seulement question de défendre une possession. Là, l'enfant s'agrippe à fond : si le personnel des théâtres faisait la même chose, nous ne pourrions pas accéder aux salles de spectacle. Puis, finalement, il prend conscience que sa principale possession, sa mère, peut appartenir à quelqu'un d'autre. L'enfant est désormais l'une de ces personnes qui veulent ; il ne fait plus partie de ceux qui possèdent. Quelqu'un d'autre a pris sa place. À ce moment-là, on peut utiliser le mot *jalousie* pour décrire les changements qui se produisent chez un enfant dès lors qu'un nouveau-né apparaît, tel un fantôme de son *self* d'antan, tétant le sein de sa mère et dormant paisiblement dans son landau.

Je répète ce que je viens de dire. J'ai d'abord fait référence à la première enfance, durant laquelle ce qui est désirable fait partie du *self*, ou apparaît comme naissant du besoin de l'enfant. Apparitions et disparitions sont considérées comme des acquis. Puis la personne ou la chose aimée s'intègre à un monde extérieur, devenant ainsi une possession qu'on conserve ou qu'on perd. Toute menace de perte entraîne un sentiment de détresse et une volonté farouche de se cramponner à l'objet en question. Avec le temps, à mesure qu'il se développe, l'enfant devient celui qui menace, celui qui déteste tout élément nouveau réclamant l'attention de sa mère, un nourrisson par exemple, ou tout simplement le livre qu'elle est en train de lire. On peut dire désormais que la jalousie s'est installée. L'enfant jalouse le nouveau bébé, ou le livre, et fait tout ce qu'il peut pour récupérer la position qu'il a perdue, même si ce n'est que pour un temps et sous une forme symbolique. De sorte que les premières fois que la jalousie se manifeste, il n'est pas rare de voir des enfants s'efforcer de redevenir des nourrissons, parfois en partie seulement, et pour un laps de temps limité. Il arrive même qu'ils cherchent à revivre l'allaitement. Le plus souvent, toutefois, ils souhaitent tout bonnement qu'on les traite comme lorsqu'ils étaient les uniques possédants, quand c'étaient eux qui *avaient* et qu'ils ne connaissaient pas cet autre ne possédant pas et désirant posséder. Vous vous souvenez peut-être de la conversation diffusée lors de l'émission de la semaine dernière à propos de l'enfant qui recommençait à se mouiller, et vous venez d'entendre parler de l'enfant plus âgé auquel sa mère donnait un petit biberon, en guise de symbole, disait-elle.

Quand on pense à tout ce qui se déroule dans l'esprit du petit enfant au fur et à mesure que les jours et les semaines passent, on comprend facilement pourquoi il a besoin d'un environnement fiable ! C'est précisément ce que vous pouvez procurer à votre enfant mieux que quiconque. Vous vous demandez souvent si telle ou telle chose est bonne ou mauvaise. Mais il est plus intéressant de considérer la situation par rapport à la croissance et au développement de votre enfant.

***

Les histoires évoquées au cours de cette conversation montrent que la jalousie a tendance à se dissiper d'elle-même, et je tiens à analyser ce phénomène. Le processus concerné dépend du développement qui se poursuit sans interruption chez l'enfant. J'imagine que vous êtes curieuse de savoir ce qui peut se passer dans l'esprit d'un enfant. Lorsque les choses tournent mal, comme cela ne peut manquer d'arriver de temps à autre, vous êtes désavantagée si vous agissez aveuglément. En revanche, si vous comprenez ce qui se produit, les critiques et les remarques d'autrui vous laisseront plus ou moins indifférentes.

Je souhaiterais indiquer trois évolutions possibles chez l'enfant, et susceptibles de mettre un terme à la jalousie. Pour commencer, la jalousie se manifeste à nos yeux quand un enfant se trouve dans une situation de conflit aigu. Il s'agit peut-être simplement d'angoisse, si ce n'est que l'enfant, lui, sait de quoi il retourne. L'enfant jaloux connaît simultanément l'amour et la haine, et c'est une sensation extrêmement désagréable. Pensons à lui. Au début, peut-être, même pour lui, c'est plaisant de voir le nouveau bébé en train de téter ou de boire son biberon. Petit à petit, cependant, il se rend compte que ce n'est pas lui mais un autre qui est là à sa place. L'amour de la mère provoque alors une colère extrême à l'encontre du nouvel arrivant, de la mère elle-même ou de toute autre chose. Pendant une certaine période, l'enfant ne connaît que la colère, dont il exprime une partie. Il hurle, donne des coups de pied, frappe, met tout sens dessus dessous. Dans son imagination, tout est gâché, brisé, détruit. La survie du monde, du bébé, de sa mère, est incontestablement à l'origine de ce nouveau développement, dans le sens où l'enfant en prend conscience. C'est encore un moyen pour lui de commencer à faire la différence entre le rêve et la réalité. Il s'imagine que sa colère a détruit le monde, pareille à une bombe atomique, mais il a survécu malgré tout, et l'attitude de sa mère est demeurée inchangée.

Il n'y a donc aucun danger à détruire ou à haïr, par l'imagination. À l'aide de ce nouvel élément, l'enfant est désormais en mesure de trouver sa satisfaction en se contentant de la dose de cris, de coups de poing et de coups de pied acceptable.

Au bout de quelques semaines, la jalousie cède la

place à une autre expérience : continuer à aimer, même si cet amour est compliqué par des idées de destruction. Pour nous, simples observateurs, il en résulte que l'enfant paraît quelquefois triste. C'est triste d'aimer quelque chose ou quelqu'un et de rêver que l'objet de cet amour vient à souffrir.

Que dans ces rêves de destruction l'objet blessé puisse être quelque chose qui se substitue au bébé ou à la mère, par exemple un chat, un chien ou une chaise, apporte un soulagement supplémentaire à l'enfant. À la tristesse se mêle un certain degré d'inquiétude pour le bébé ou le sujet de la jalousie, quel qu'il soit. Toutefois, les mères savent qu'au départ elles ne peuvent compter sur cette sollicitude dans la mesure où, pendant quelque temps, celle-ci se change facilement en crise de jalousie : des dommages peuvent alors être causés si personne n'est là pour les empêcher.

Progressivement, la vie imaginative commence à produire son effet, épargnant à l'enfant la nécessité d'agir directement. À cette occasion émerge chez lui le sens de la responsabilité. La jalousie peut également parvenir à son terme grâce au pouvoir croissant qu'a l'enfant d'absorber des expériences satisfaisantes en les intégrant à son *self*. Ainsi s'édifie un capital de souvenirs agréables liés aux bons soins qui lui ont été prodigués, à des sensations plaisantes – le bain, les cris, les sourires – ou au fait de trouver les choses exactement au moment et à l'endroit où il s'y attendait, mieux encore qu'il n'aurait pu l'espérer. C'est ainsi qu'on emmagasine des souvenirs de satisfactions suite à de véritables orgies d'excitation, à l'occasion des repas notamment.

Tous ces éléments peuvent s'additionner et constituer l'idée de la mère *et* du père. Si la jalousie est parfois totalement absente chez un enfant, c'est parce que ce dernier a obtenu suffisamment – assez en tout cas pour céder facilement une partie de ce qu'il possède.

La troisième solution à la jalousie est plus complexe. Elle a trait à l'aptitude de l'enfant à vivre les expériences des autres. C'est ce qu'on appelle « se mettre à la place de quelqu'un d'autre ». Cependant, cette expression paraît un peu bizarre lorsque l'autre personne se trouve être un nouveau-né en train de téter, de prendre un bain ou de dormir dans son couffin. Comment les petits enfants sont-ils en mesure de faire le pas? Certains mettent longtemps, parfois des années, avant de se laisser aller à considérer le point de vue d'autrui, tout en profitant du même coup d'un petit supplément de vie vécu par cette autre personne. Il est facile de voir que les enfants – garçons et filles – s'identifient à leur mère. Ils la laissent occuper sa fonction de mère tout en jouant à être à sa place, en s'imaginant dans sa position. Voici un passage de la conversation qui illustre bien ce point :

MÈRES

– Mme G., qu'en est-il de l'arrivée du nouveau bébé dans votre famille?

– Eh bien, aucun des aînés n'a manifesté la

moindre jalousie à son égard. En revanche, ils se sont montrés très jaloux les uns des autres lorsqu'il s'est agi de toucher le bébé, de le caresser ou de le prendre dans leurs bras.

– Vous voulez dire qu'il y a une sorte de rivalité entre eux?

– Oui, c'est ça. Imaginons que je sois assise et que j'aie le bébé sur les genoux. Ma petite fille s'approche et se met à lui parler. Aussitôt, mon autre enfant, qui a dix-huit mois, fonce sur elle et essaie de l'écarter avant même qu'elle ait eu le temps de jeter un coup d'œil au petit. À partir de ce moment-là, ils se bagarrent pour décider qui aura le bébé.

– Que faites-vous dans ce cas-là?

– Eh bien, je protège le bébé en le serrant contre moi et je m'assure qu'ils reculent de quelques centimètres pour lui donner assez d'espace pour respirer.

– Est-ce que cela se produit souvent?

– Oui, je trouve... Ils se mettent à tirailler le bébé. « C'est à mon tour de le tenir », ou « Non, c'est mon tour ». Il est trop petit pour que je le leur laisse. Pour finir, je leur dis de s'asseoir. Je donne le bébé à l'un d'entre eux sans permettre à l'autre d'approcher et je compte jusqu'à dix. Puis je dis : « Bon, au suivant maintenant. » C'est une bonne idée et cela fonctionne très bien.

DWW

Voici un autre exemple où une fillette semble s'identifier à son petit frère :

– Sa crise de jalousie est passée, elle s'est dissipée peu à peu, et tout allait très bien jusqu'à ce que son petit frère ait, je dirais, environ un an – quand il s'est mis à déambuler ici ou là, qu'il allait dans son parc, etc. À ce moment-là, nous avons eu toutes sortes d'ennuis à propos des jouets. J'avais ressorti pour le bébé les anciens jouets de la grande. Bien entendu, elle les a reconnus et s'est mise à protester : « C'est à moi, c'est à moi, c'est à moi. » Pendant une période, elle a recommencé à jouer avec des jouets de bébé. J'ai fini par comprendre que je devais en acheter de nouveaux pour le petit, qui seraient exclusivement les siens. Sinon il ne serait pas possible d'avoir la paix.

– Ces jouets tout neufs, elle ne voulait pas jouer avec ?

– Oh non ! Pour rien au monde, elle ne les aurait touchés. En revanche, si elle voyait le petit s'amuser avec ses jouets à elle, même s'il y avait déjà deux ans qu'elle ne s'y intéressait plus, elle voulait aussitôt les reprendre. Cette phase-là a fini par passer aussi, en douceur. Mais le petit vient d'avoir dix-huit mois et tout a recommencé, parce qu'il se déplace et que cette fois-ci, c'est lui qui veut s'emparer de ses affaires à elle.

– Alors c'est une lutte acharnée ?

– Effectivement. Elle dispose ses affaires, je lui dis toujours : « Mets-les sur la table de façon à ce qu'il ne puisse pas les atteindre », mais elle les arrange au contraire dans un endroit accessible et lui tourne le dos exprès. Le petit s'approche et commence à tout mettre sens dessus dessous. Alors elle pique une colère, même si en définitive elle est très patiente avec lui.

DWW

Quand nous avons utilisé cet extrait lors de notre première émission sur la jalousie, j'ai dit : « J'ai le sentiment que cette petite fille est contente que son petit frère joue avec ses jouets, même si elle proteste. » J'ai ajouté : « Peut-être voit-elle les choses de son point de vue à lui autant que du sien. » L'aptitude à vivre par l'imagination l'expérience des autres est très enrichissante dès lors que l'enfant ne perd pas de vue ce qui est strictement l'expérience du *self*. C'est là une des manières de faire démarrer le jeu, et dans le jeu imaginatif il n'existe pas de limite dans le processus d'identification de soi avec des personnes et des choses. L'enfant peut devenir un aspirateur ou un cheval, une reine ou un prince, le nouveau bébé, la mère allaitant ce dernier, ou encore le père. Nous ne pouvons pas lui apprendre à jouer, mais en le protégeant, en faisant preuve de patience et de tolérance, et par des centaines d'autres choses que nous faisons sans y penser, nous facilitons son développement. On pourrait encore dire une foule de choses à ce sujet, mais peut-être est-ce suffisant pour montrer que si la jalousie finit par disparaître, c'est grâce au développement de l'enfant, un développement rendu possible par des soins continuels.

*
* *

J'ai parlé de la jalousie comme d'une chose normale et saine chez les jeunes enfants. Ce sentiment prouve qu'ils aiment et qu'ils ont déjà accompli des progrès considérables par rapport à l'immaturité absolue qui les caractérisait au départ. J'ai également évoqué un certain nombre d'évolutions qui font disparaître la jalousie. Depuis le début, j'ai souligné que, chez le nourrisson comme chez le petit enfant, ces développements ne sauraient se produire de façon satisfaisante sans un élément essentiel que vous seule êtes à même de leur fournir, à savoir une relation vivante au sein de laquelle ils trouvent une sorte de fiabilité, dépendant du fait que vous êtes vous-même.

Outre cette base solide, vous procurez à votre enfant toute une gamme d'appuis qui font aussi une différence. Par exemple, vous l'aidez à prévoir ce qui va se passer. Si vous savez qu'un changement important est sur le point de se produire dans sa vie, vous essayez de le prévenir. Par exemple, lorsque vous ajoutez un nouvel aliment à son repas, vous commencez par le lui faire goûter, puis vous attendez patiemment un moment. Il y a de fortes chances pour que, tôt ou tard, votre bébé réclame ce nouveau mets que vous avez préparé. De la même façon, si vous êtes de nouveau enceinte, vous vous efforcez de l'avertir quand votre grossesse est assez avancée et que vous êtes sûre d'être sur le point d'avoir un autre enfant. Vous penserez peut-être que ce serait plus facile si vous pouviez recourir à des mots, lui expliquer clairement la situation? Personnellement, j'en doute. Naturellement, si l'enfant comprend déjà ce qu'on lui dit, il faut effectivement lui expliquer les choses avec des mots, des histoires, et à l'aide de livres d'images. Ce serait bizarre si vous vous y preniez autrement. Mais ce qui compte, en définitive, c'est votre attitude, et votre attitude affecte la situation bien avant qu'on puisse recourir au langage. Si votre nouvelle grossesse vous semble agréablement naturelle, vous pouvez progressivement laisser entendre à votre enfant la raison pour laquelle il est moins facile pour lui de s'asseoir sur vos genoux. Votre petit garçon ou votre petite fille sent très bien qu'il y a dans votre ventre quelque chose d'important. Si vous êtes de celles qui n'acceptent pas facilement une grossesse et les changements qui l'accompagnent (de nombreuses femmes sont dans ce cas), alors le mystère s'installera, et l'enfant dont la vie est sur le point d'être profondément perturbée par la venue d'un nouveau bébé ne sera pas du tout préparé lorsque ce dernier arrivera. Les choses sont plus faciles lorsque l'enfant concerné est un peu plus âgé. Écoutez ce qui suit :

MÈRES

– J'étais très inquiète quand j'ai eu Roger. Vous comprenez, j'avais deux filles de treize et quatorze ans et je voulais un autre enfant pendant qu'il était encore temps. J'hésitais beaucoup, ne sachant que faire. Pour finir, j'en parlai aux filles en leur demandant comment elles accueilleraient l'idée que j'aie un autre bébé. C'est une chose curieuse, n'est-ce pas, de parler de cela avant même que l'enfant soit conçu. Sur le moment, en tout cas, j'ai trouvé que ce serait une bonne idée. Les filles étaient enthousiasmées, elles déclarèrent que ce serait formidable. Elles adoreraient avoir un bébé, un nouvel enfant à la maison. Nous décidâmes entre nous que ce serait un garçon.

[...] Roger était prématuré et j'avais informé la sage-femme que j'avais commencé à avoir des contractions. Pouvait-elle prévenir Suzanne la cadette ? Si la petite, âgée de treize ans, voulait venir et rester avec moi jusqu'à l'accouchement, je n'y voyais pas d'inconvénient. Elle est rentrée de l'école, tout excitée, et j'étais en pleine contraction, voyez-vous. « Eh bien, lui ai-je dit – en prenant une grande inspiration tout en songeant que je risquais de ruiner la vie de cette enfant – ... eh bien, vois-tu, ça c'est une contraction et voilà ce qu'il faut faire quand cela arrive. » Figurez-vous qu'elle m'a administré une petite tape dans le dos en me disant : « J'imagine que tu en as pour des heures. Je reviendrai te voir à la fin des cours. » Après quoi, elle est partie. Aujourd'hui, elle est sur le point d'avoir elle-même un bébé, le mois prochain, et je crois qu'elle est absolument ravie. Et bien préparée, me semble-t-il.

DWW

Cette fillette avait treize ans et sa mère lui avait naturellement expliqué la situation ; je pense toutefois que c'est surtout l'attitude de la mère qui a compté. Qu'en est-il pour des enfants plus jeunes? Les petits de un ou deux ans sont loin de comprendre pourquoi il y a vingt-neuf jours en février telle année; pourtant, il leur est tout à fait possible de se sentir un tant soit peu dans la position de la mère d'un nourrisson. Je parle des sentiments plutôt que de l'esprit. Dès l'âge de un an, la plupart des enfants sont très attachés à un objet, quel qu'il soit, dont ils prennent soin, même si c'est parfois d'une façon un peu brusque. Très vite, ils jouent à la maman.

J'ai mentionné plus haut que vous aviez la possibilité d'aider votre enfant à anticiper. Vous faites bien d'autres choses encore pour lui : vous vous efforcez d'être juste, par exemple, et c'est très difficile. En tout cas, vous faites de votre mieux. Vous essayez également de ne pas avoir un chouchou, hormis, bien entendu, le nouveau-né qui, au départ, a besoin de sentir qu'il a toute votre attention. Vous partagez vos responsabilités de plusieurs façons avec le père de vos enfants. Et c'est vers son père que l'enfant se tourne naturellement lorsqu'il est déçu par sa mère, soudain préoccupée par autre chose. La plupart des pères voudraient bien aider davantage; ils détestent le fait que leur travail les éloigne du domicile et qu'ils ne puissent pas toujours se rendre utiles sur le plan pratique.

Dans l'ensemble, vous vous abstenez de donner au nouveau-né les objets précieux ayant appartenu à ses frères et sœurs. Au contraire, vous laissez chaque enfant monter sa propre collection d'objets – se spécialiser en quelque sorte. Même si les grandes évolutions de l'enfant sont rendues possibles parce qu'il peut compter sur vous, vous savez aussi répondre aux moments de tension.

Vous n'ignorez pas que des sentiments très forts sont en jeu, et qu'en réalité les petits enfants ressentent les choses avec autant de force que nous. Je me demande même s'ils ne les vivent pas avec davantage d'intensité. Nous autres, adultes, devrions nous estimer heureux si nous avons trouvé le moyen de conserver ne serait-ce qu'en partie l'intensité des expériences de la petite enfance. Les enfants en bas âge vivent les choses avec une telle acuité qu'il est souvent impossible de les distraire de ce qui les occupe. À ce stade, ils n'ont pas encore mis au point des méthodes personnelles leur permettant de faire face ou d'écarter les sentiments trop pénibles. D'où leurs hurlements. C'est la raison pour laquelle il est tellement important que vous aidiez votre enfant à prévoir ce qui est susceptible de se produire d'extraordinaire.

Au cours de la période d'attente précédant un événement prévu, un système de défenses peut prendre place dans la personnalité de l'enfant. Cela ressemble un peu à ce qui se passe sur votre table lorsque vos enfants jouent aux petits soldats et organisent leurs armées en vue de défendre ou d'attaquer un fort. L'idée que les sentiments des petits enfants sont très intenses, et que leurs angoisses et leurs conflits leur sont pénibles au point qu'ils sont contraints d'organiser en eux des défenses, me conduit à l'ultime donnée que je tenais à préciser dans le cadre de cette causerie sur la jalousie. Il s'agit de formes anormales de jalousie. Il arrive que les choses tournent mal. Soit que la jalousie persiste et se transforme en jalousie ouverte, soit qu'elle perdure de manière sous-jacente et finisse par déformer la personnalité de l'enfant.

Quand on élève des enfants, il est vain de rechercher la perfection. Presque tout ce qui va de travers finit par se corriger un jour ou l'autre, suffisamment en tout cas pour que cela ne se voie pas. Mais certaines déformations sont permanentes. J'ai dit et répété à maintes reprises que la jalousie est un sentiment normal et sain, mais je parlais des tout jeunes enfants. Au cours de la croissance et du développement de la personnalité apparaît chez tout enfant, garçon ou fille, l'aptitude à tolérer le sentiment de jalousie, à le garder pour soi et à s'en servir comme un stimulant de l'action. Si votre amie possède quelque chose de mieux que vous, vous pouvez attendre ; peut-être la rattraperez-vous plus tard, peut-être serez-vous contente d'avoir acheté quelque chose d'autre à la place ? Vous faites la part des choses. J'imagine que les autres vous envient une foule de choses. Tout cela fait partie de l'existence et de la vie en communauté.

En grandissant, vous avez appris à gérer à peu près ces choses-là ; mais au départ, tout comme moi, vous n'étiez pas très douée pour la patience. Il faut bien admettre que chez certaines personnes, on constate une déformation permanente de la personnalité. Vous avez peut-être un voisin qui souffre d'un tempérament jaloux? Ces gens-là se débrouillent généralement, sans trop savoir ce qu'ils font, pour inciter leur environnement immédiat à se comporter précisément de manière à susciter leur jalousie. Ils sont malheureux et difficiles à vivre, et je ne peux pas dire que ce type de jalousie soit sain.

L'une des mères faisait preuve d'une honnêteté particulière à propos d'elle-même et de la façon dont a persisté la jalousie que lui inspirait son frère alors qu'elle était enfant :

MÈRE

– Eh bien, j'étais un enfant unique... Puis, à l'âge de trois ans, j'ai eu un petit frère. Je n'ai pas trouvé cela drôle du tout. J'étais jalouse et je le mordais, je l'avoue. Il ne savait jamais que c'était moi, remarquez, et je refusais toujours de l'admettre... Aujourd'hui encore – j'ai vingt-neuf ans et mon frère en a vingt-six –, quand maman me dit : « Écoute, je viens d'acheter telle ou telle chose pour William », je lui réponds : « Ah bon! » Vous voyez, l'air de dire : « Ça m'est égal. » « Bon! Bon! ajoute-t-elle. Que veux-tu que je t'achète? » Elle me dira exactement combien elle a payé le cadeau de William et s'arrangera pour que j'aie exactement la même chose. Un jour, elle lui a acheté une chevalière... Je sais que c'est idiot. Je sais que c'est méchant. Après tout, je suis mariée et lui ne l'est pas. Mais si elle lui achète une chevalière, je ne peux pas m'empêcher de rétorquer : « Est-ce qu'il ne peut pas s'en offrir une lui-même ? » Vous voyez ? La semaine dernière, elle m'a donné une bague avec une pierre porte-bonheur.

DWW

Chez les gens qui ont un tempérament vraiment jaloux, on peut être certain qu'à un moment donné de leur petite enfance ils ont éprouvé ce genre de sentiments pour une bonne raison. Malheureusement pour eux, ils n'ont pas eu la possibilité d'exprimer leur colère, leur jalousie ou leur agressivité à l'époque où cela aurait été faisable et salutaire. S'ils en avaient eu l'occasion, ils auraient probablement surmonté cette phase de jalousie et en seraient sortis une fois pour toutes, comme c'est le cas pour la plupart des enfants. Au lieu de cela, la jalousie a grandi en eux, bien que la cause originelle ait disparu, de sorte que de fausses raisons d'être jaloux resurgissent constamment, pour lesquelles ils trouvent eux-mêmes des justifications dans le présent. Le meilleur moyen d'empêcher ce type de déformations consiste à donner à vos petits enfants les soins précoces qui leur permettent d'être jaloux au moment approprié. Je suppose que, dans une situation saine, la jalousie se change en rivalité et en ambition.

VI

Tout ce qui agace
(1960)

DWW

Certaines personnes découvrent avec stupeur qu'il leur arrive d'éprouver autre chose que de l'amour pour leurs enfants en bas âge. Écoutez la conversation suivante, vous vous apercevrez que ces mères n'ont guère de doutes à propos de l'amour : elles considèrent ce sentiment comme acquis et n'ont pas honte d'évoquer les aspects peu reluisants de la vie domestique. On leur avait demandé de parler sans détour de ce qui les agaçait au jour le jour, et de toute évidence elles n'ont pas eu la moindre difficulté à répondre à cette proposition. Voici le début de cette conversation :

MÈRES

– J'ai tenu à vous faire venir ici cet après-midi pour me parler de ce que vous trouvez agaçant dans votre rôle de mère. Mme W., combien d'enfants avez-vous ?

– J'ai sept enfants, qui ont entre vingt et trois ans.

– Votre tâche de mère vous semble-t-elle quelquefois irritante?

– Eh bien, effectivement, si je suis honnête avec moi-même, je dirais que oui dans l'ensemble. La difficulté, au fond, dans une famille, ce sont les petites choses ennuyeuses, comme le désordre permanent ou le fait de passer son temps à essayer de coucher les enfants. Ce genre de choses-là m'agacent, oui.

– Mme A.?

– Eh bien, je n'ai que deux enfants. Le premier commence à marcher, l'autre n'est encore qu'un bébé, et bien entendu c'est l'aîné qui m'irrite. Comme Mme W., ce sont les petites choses qui m'énervent, ainsi que le manque de temps pour s'occuper des enfants. C'est continuellement la course, et mon jeune fils veut toujours faire autre chose quand on n'a que deux secondes pour se préparer à sortir.

– Mme S.?

– J'ai deux filles, une de trois ans et une qui vient d'avoir un an, et je crois que je partage l'avis des deux autres mères. Le temps est tout le problème. On n'en a jamais assez pour faire tout ce qu'on voudrait.

– Vous voulez dire que vous aimeriez faire autre chose que vous occuper de vos enfants et que vous n'y arrivez pas? Des choses pour vous-même?

– Eh bien, oui, c'est vrai. Je suis ravie de m'occuper de mes enfants. Je trouve cela plutôt gratifiant dans l'ensemble, même si on est toujours un peu pressé. Je crois que lorsque je suis fatiguée, c'est particulièrement difficile. Or je le suis souvent. Je fais de mon mieux pour éviter ça, mais ce n'est pas toujours facile...

– Qu'est-ce qui provoque la fatigue chez les mères, à votre avis? Pensez-vous que ce sont les tâches multiples que vous devez accomplir dans un laps de temps limité, ou s'agit-il plutôt d'une manière de vous défendre contre la situation?

– Je pense effectivement que l'on a trop de choses à faire en un laps de temps limité. À six heures, l'heure du coucher, on a pris le thé avec les enfants, il faut faire la vaisselle. Et puis il reste encore à nourrir l'autre enfant et à préparer le dîner pour votre mari – tout cela en une heure! *(Rires.)*

DWW

Voici un bon départ. Avec plusieurs enfants, il est impossible d'avoir une maison en ordre. Il ne faut pas espérer avoir l'esprit ordonné non plus. On doit toujours se dépêcher, on passe son temps à regarder sa montre... Et puis les enfants – les petits en tout cas – n'ont pas encore atteint l'âge où ils peuvent trouver amusant d'imiter les adultes, de copier leurs comportements. Ils s'imaginent encore que le monde a été conçu pour eux et agissent conformément à cette hypothèse. Et puis il y a la fatigue, qui joue toujours un rôle important. Quand vous êtes fatiguée, ce qui vous paraît intéressant d'ordinaire peut devenir agaçant. Si vous manquez de sommeil, vous luttez contre le besoin de dormir et cela vous rend moins disponible pour profiter de toutes ces choses passionnantes que font les enfants, et qui sont le signe de leur développement au jour le jour.

Vous remarquerez que cette fois je parle des mères et de leurs sentiments plutôt que des enfants dont elles s'occupent. On a trop souvent tendance à idéaliser le travail d'une mère. Nous savons très bien que toute tâche comporte ses frustrations et ses routines. Il y a des moments où c'est la dernière chose qu'on a envie de faire. Pourquoi les soins prodigués aux bébés et aux enfants échapperaient-ils à cette règle ? À mon avis, dans quelques années ces mères auront de la peine à se souvenir de ce qu'elles ont ressenti sur le moment, et elles trouveront fascinant qu'on leur repasse cet enregistrement lorsqu'elles connaîtront le tranquille art d'être grand-mère.

MÈRES

– ... tout doit être fait en une heure.

– Tous les soirs, de cinq heures et demie à sept heures et demie, c'est le chaos... au point qu'on ne sait plus du tout où on en est. On est censé suivre un horaire précis, mais ce n'est jamais le cas, parce qu'il arrive toujours quelque chose d'inattendu et de terrible : quelqu'un a renversé son lait, ou le chat a grimpé sur le lit et l'enfant ne parvient plus à s'endormir parce que l'animal est là, ou n'est pas là, ou bien le gamin descend six fois de suite pour voir ce que vous faites, et c'est le chaos. *(Rires.)*

DWW

J'aime bien ce passage à propos du chat qui est là ou qui n'est pas là ! La question n'est pas de savoir si vous faites les choses comme il convient ou non.

Vous avez l'impression que tout va de travers quoi qu'il arrive, et vous vous imaginez qu'il aurait fallu faire l'inverse, alors que cela n'aurait strictement rien changé. Peut-être ne remarquez-vous pas tout ce qui coule sans problème, et le moindre accroc prend des proportions terribles, donnant lieu à des cris et à des pleurs.

Dans le passage suivant, une mère évoque un sentiment qui doit être assez courant, à savoir que, faute de temps, elle est en train de perdre la main dans un domaine où elle avait des aptitudes particulières – ou encore qu'elle ne pourra entreprendre avant de nombreuses années une activité dont elle rêve.

MÈRES

– Avez-vous le sentiment qu'il y a des occupations que vous aimeriez avoir pour votre satisfaction personnelle – écrire un roman par exemple, faire de la pâtisserie, ou quoi que ce soit – auxquelles la présence de vos enfants fait obstacle?

– Eh bien, je suis passionnée par le travail social. Je voudrais avoir certaines activités qui sont, paraît-il, à ma portée – on m'a d'ailleurs fait des propositions à cet égard –, mais je n'ai pas pu me lancer faute de temps. Je trouve très frustrant de ne pas pouvoir réaliser ces choses parce que je suis obligée de rester à la maison.

– L'année dernière, j'ai pris un cours de couture et cela m'a énormément plu. Mais depuis que j'ai eu un deuxième enfant, je n'arrive plus à être prête à temps, et vers huit heures du soir je me dis toujours : « À quoi ça sert de sortir maintenant pour aller à ce cours ? »

– Aimeriez-vous avoir des activités que vous ne pouvez pas avoir pour l'instant ?

– Oui, j'aime beaucoup la couture, mais c'est un travail très agaçant quand les enfants... *(Rires.)* J'ai vraiment une passion pour ça et je m'y absorbe tellement que je ne vois plus le temps passer. Ce qui fait que je finis par avoir des ennuis, d'autant plus que j'ai tendance à oublier l'heure. Ça me fait du bien, d'ailleurs.

– Je trouve très énervant de devoir interrompre ce que je suis en train de faire le matin pour préparer le déjeuner. Personnellement, je me contenterais d'un simple œuf dur, mais j'ai un mari aussi, alors il faut... *(Toutes ensemble.)*

DWW

Voici les attentes du mari qui s'ajoutent à celles des enfants, anéantissant du même coup tout effort déployé par l'épouse – la mère – pour essayer de préserver une activité personnelle n'appartenant qu'à elle, et exigeant un certain degré de concentration. Dans ces conditions, on comprend que la femme regrette parfois de ne pas être un homme bénéficiant d'un travail, avec des horaires réguliers et des règlements syndicaux qui la protégeraient de toutes ces contrariétés ! J'imagine qu'elle a du mal à concevoir que certains hommes envient les femmes d'être à la maison, croulant sous les tâches ménagères, au milieu d'un charmant parterre de bambins. À ce propos, revenons à la question du désordre et de la pagaille.

MÈRES

– Le désordre est pour moi un problème terrible. J'ai pourtant quelqu'un pour m'aider à la maison. Même quand j'ai passé vingt-cinq minutes pour tout ranger, parcourant la maison de haut en bas, on dirait que je n'ai rien touché depuis deux ou trois ans ! Il y a des jouets partout, qu'ils veulent absolument avoir sous la main, ainsi que des petits morceaux de papier qu'ils passent leur temps à découper. Je ne devrais pas m'en plaindre. C'est très bien qu'ils s'occupent ainsi, évidemment, mais j'ai toutes les peines du monde à ne pas en faire une histoire. Il n'empêche que je les laisse libres d'agir comme bon leur semble.

– Eh bien, je dirais que tant que mes enfants étaient petits, jusqu'à l'âge de quatre ans, lorsqu'ils ont commencé à aller à l'école, ils voulaient toujours être dans la même pièce que moi. Si je préparais le repas dans la cuisine, eux aussi cuisinaient. Quand j'étais en haut, ils montaient aussi. Ils ne me lâchaient pas d'une semelle, me suivaient partout comme des petits chiens, ce qui peut être parfois très agaçant.

DWW

Que penser de l'idée de cantonner le désordre à un seul lieu ?

MÈRES

– Trouvez-vous plus facile de les laisser vagabonder n'importe où dans la maison, ou essayez-vous de les confiner dans leurs quartiers?

– Je garde une pièce où j'espère, et je prie, qu'ils ne sèment pas la zizanie; mais, invariablement, ils vont partout et mettent tout sens dessus dessous.

– Pensez-vous qu'il soit possible de les cantonner quelque part?

– Eh bien, je ne sais pas. J'ai peut-être de la chance mais Christophe semble comprendre qu'il est censé jouer dans la nurserie.

– Quel âge a-t-il?

– Deux ans. Un peu plus de deux ans.

– Peut-il vous voir lorsqu'il est dans la nurserie?

– Non, non, elle est loin de la cuisine. Mais nous habitons un appartement, de sorte que tout est au même niveau. Il peut venir me rejoindre dans la cuisine et y jouer quand il veut. Beaucoup de gens estiment que j'ai tort. Je n'ai pas pensé dresser une barrière avant qu'il ne soit trop tard. Dans le salon et la salle à manger, nous avons des poignées de porte anciennes qu'il n'arrive pas bien à saisir, de sorte que ces pièces-là sont restées en ordre jusqu'à présent.

DWW

Il n'y a rien à faire. Les mères qui ont plusieurs enfants en bas âge doivent accepter de vivre confinées. Pour le moment, elles ne savent pas comment s'en sortir. Peut-être qu'à mesure que leurs enfants grandiront, la paix reviendra au foyer? Mais rien n'est moins sûr.

MÈRES

– Chaque soir, nous avons droit à une bagarre à propos du repas des chiens. Qui va les nourrir? Chacun s'en charge à tour dc rôle, voyez-vous, mais il y a toujours une raison pour que la personne désignée ce jour-là en soit privée. *(Rires.)* Une fois que les chiens sont tous là, il faut vingt-cinq bonnes minutes avant qu'ils aient leurs gamelles, à cause de cette terrible dispute que je trouve très énervante, même si cela se produit immanquablement dans les familles nombreuses. Et pas seulement à cause du repas des chiens. Lorsque nous sommes réunis autour de la table, quelqu'un dit quelque chose, et en un rien de temps, ça y est, ils se mettent tous à hurler plus fort les uns que les autres, pour des questions de principe, voyez-vous. Nous avons de violentes disputes à propos de toutes sortes de choses.

DWW

Ces exemples montrent que les soins prodigués aux petits enfants peuvent être source d'agacements infinis. C'est tout aussi vrai dans le cas d'enfants désirés et aimés. Le problème incombe à la mère, dont l'intimité est envahie. Il y a sûrement, chez elle, une facette intouchable, sacro-sainte, y compris pour son propre enfant. Doit-elle se défendre ou céder? Le plus terrible, c'est que si elle a quelque chose de caché quelque part, c'est exactement ce que veut l'enfant. S'il s'agit d'un secret, alors il lui faut à tout prix découvrir et accaparer ce secret. Il le mettra sens dessus dessous. Le sac à main de maman est bien placé pour le savoir ! La semaine prochaine, je développerai plus avant ce thème des tensions que subit la mère.

***

À la fin de l'émission de la semaine dernière, après que nos jeunes mères eurent rendu compte des contrariétés qu'elles rencontrent au quotidien, je me suis attardé sur l'une des questions abordées, à savoir la manière dont les mères voient leur intimité envahie et chamboulée. Je souhaiterais développer cette idée, parce qu'elle me semble fortement liée aux difficultés qui s'imposent aux parents, et notamment aux mères.

Rappelez-vous que nous avons affaire à des mères qui sont heureuses d'être mariées et d'avoir des enfants, qu'elles sont attachées à leurs enfants et dans l'ensemble satisfaites de leur sort. Il n'empêche que, interrogées sur ce qui les agace, elles ont répondu avec vivacité.

D'autres femmes ont des expériences tout à fait différentes. Certaines ont rencontré des difficultés beaucoup plus marquées, se sont laissé totalement dépasser par les événements et ont dû faire appel à une aide extérieure. Dans ces cas-là, la confusion l'emportant, elles deviennent irritables et se trouvent au bout du compte dans l'incapacité de continuer à être elles-mêmes comme elles le souhaiteraient. D'autres, à l'autre extrême, ignorent tout de ce sentiment de désordre et d'invasion; elles parviennent à garder leur salon en ordre et leur progéniture semble s'adapter miraculeusement à un cadre précis, de sorte que la plupart du temps la paix règne au foyer. Dans ce cas, la mère et son système relativement rigide fondé sur « le bien et le mal » dominent la situation et les petits doivent s'y adapter, qu'ils y soient prêts ou non. On a, bien sûr, toutes les raisons de se féliciter quand règnent l'ordre et la paix, dès lors qu'ils sont instaurés sans trop nuire à la spontanéité des enfants.

Il ne faut jamais oublier qu'il existe toutes sortes de parents et toutes sortes d'enfants. Sur cette base-là, nous pouvons parler des variations possibles, sans affirmer pour autant qu'une catégorie est bonne et l'autre mauvaise. Toutefois, ne pensez-vous pas que les extrêmes, dans un cas comme dans l'autre, sont généralement la preuve que quelque chose est allé de travers à un moment donné?

Nombre de parents soutiendront qu'à l'époque victorienne les choses étaient beaucoup plus faciles, les enfants étant relégués dans la nurserie. Personne ne se souciait, alors, de savoir, chaque fois qu'on faisait quelque chose, si on contribuait à consolider la santé mentale de l'enfant ou si on la minait. Pourtant, même en ce temps-là, les gens dans leur majorité élevaient leurs enfants en les laissant se traîner par terre à leurs pieds, semer la zizanie et faire autant de bruit qu'ils voulaient – même sans l'aide des nurses aux tabliers amidonnés. Chaque époque a ses coutumes; mais je pense qu'une chose n'a pas changé et ne changera jamais : cette redoutable tendance qu'ont les petits enfants à s'immiscer au cœur même du jardin secret de leur mère. La question est de savoir si une mère est à même de se défendre et de conserver son monde à elle sans priver du même coup son enfant d'un élément essentiel : le sentiment que sa mère est accessible. Au départ, l'enfant la possédait, en quelque sorte, et entre cette possession et l'indépendance, il doit y avoir une juste moyenne en matière d'accessibilité.

L'observateur se souvient que cette mère n'est à la merci de ses enfants que pour un laps de temps limité. Si elle avait auparavant ses secrets, elle les retrouvera finalement. Et elle s'estimera heureuse, rétrospectivement, d'avoir subi les exigences inépuisables de ses enfants.

Pour la mère qui est « en plein dedans », il n'y a toutefois ni passé ni futur. Seule existe l'expérience présente, qui consiste à ne plus avoir le moindre territoire inexploré, aucun pôle nord, aucun pôle sud qu'un explorateur intrépide ne saurait dénicher et réchauffer, aucun mont Everest dont un alpiniste ne pourrait atteindre le sommet et le saper. Le fond de son océan est connu lui aussi, pouce par pouce, et s'il reste un secret, la face cachée de la lune, il finira par être découvert, photographié et dépouillé de son mystère pour devenir un fait scientifiquement avéré. Plus rien chez elle n'est sacré.

À ce compte, qui aurait envie d'être mère? À part celles qui ont déjà des enfants! Ou quelques êtres bien particuliers, ces nurses qui trouvent le moyen de coopérer avec les vrais parents?

Vous vous demandez peut-être à quoi bon cataloguer ainsi les contrariétés inhérentes à la maternité? Je pense que cela fait du bien aux mères d'exprimer leurs difficultés au moment où elles les vivent. La rancœur réprimée gâche l'amour qui est derrière tout cela. Je suppose que c'est la raison pour laquelle nous jurons. Un mot fort prononcé au bon moment concentre nos ressentiments et les affiche; après quoi nous sommes de nouveau à même de nous arranger de la situation, quelle qu'elle soit. Dans la pratique, je m'aperçois que les mères tirent bénéfice du fait d'être en prise directe avec leur amertume. Soit dit en passant, la plupart d'entre elles n'ont pas besoin d'assistance. Mais pour celles qui en ont besoin, j'ai dressé la liste d'une douzaine de raisons pour lesquelles les mères sont susceptibles de détester leurs enfants *. Vous comprendrez que je parle ici de mères qui aiment indiscutablement leurs enfants, mais qui n'ont pas peur de regarder en face leurs autres sentiments. Prenons l'exemple d'un bébé qui n'est pas celui que sa mère espérait; il ne correspond pas tout à fait à l'idée qu'elle se faisait des enfants. Si elle dressait le portrait de son enfant, sa description serait peut-être plus proche d'une création personnelle que de ce

* Donald W. Winnicott, « La haine dans le contre-transfert », *in De la pédiatrie à la psychanalyse*, traduction française, Paris, Payot, 1969.

bébé qui est un élément si réel de son existence. Cependant le bébé en chair et en os n'est certainement pas arrivé là par magie ! Ce petit garçon ou cette petite fille est venu à la faveur d'un processus laborieux, qui met la mère en danger, tant durant sa grossesse qu'au moment de l'accouchement. Cet enfant bien réel, qui à présent est à elle, lui fait mal quand il tète, même si l'allaitement est un acte très gratifiant. Progressivement, la mère découvre que l'enfant la traite comme un domestique non rémunéré et exige toute son attention : au départ, il n'a que faire de son bonheur à elle. Il la mord, et il faut y voir pourtant une preuve d'amour. D'emblée, la mère est censée aimer ce bébé de tout son cœur, en bloc, ses côtés agréables comme les moins agréables, désordre inclus. Assez rapidement, le bébé cesse de se faire des illusions sur sa mère et le manifeste sans détour, refusant la bonne nourriture qu'on lui propose, à telle enseigne que la mère finit par avoir des doutes sur elle-même. De surcroît, l'amour enthousiaste que l'enfant témoigne à sa mère est intéressé : une fois satisfait, il la rejette comme une vieille chaussure. Dois-je poursuivre mon énumération des raisons susceptibles d'inciter une mère à détester son bébé ?

Dans les premiers temps, le bébé n'a pas la moindre idée de ce que la mère accomplit correctement, ni des sacrifices qu'elle consent dans ce but. En revanche, si les choses vont de travers, des plaintes s'expriment aussitôt, sous la forme de cris stridents. Après avoir passé une matinée épouvantable, ponctuée de hurlements et de scènes, la mère sort faire des courses avec son enfant. Celui-ci sourit à un étranger qui s'exclame : « Comme il est mignon ! » ou « Quelle adorable petite fille ! Elle est si gentille ! » Une mère sait pertinemment que si elle « laisse tomber » son enfant au départ, elle le payera pendant longtemps. Même si elle est sans faille, elle aurait tort d'attendre de lui la moindre gratitude. Vous pouvez concevoir des douzaines de raisons de détester votre enfant. Vous ne trouverez probablement rien de pire que celle que j'ai choisie pour ce débat, à savoir la façon dont les enfants envahissent votre jardin intime. Je voudrais essayer de vous expliquer cela plus clairement, dans la mesure du possible.

Au tout début, il n'y a pas de difficulté majeure, parce que le bébé est en vous et fait partie de vous. Même si ce n'est qu'un locataire, si on peut dire, l'être qui est dans votre ventre rassemble toutes les idées que vous vous êtes faites dans votre vie sur les bébés. De telle manière qu'au départ, votre secret c'est lui. Jusqu'au jour où ce secret prend vie.

Pendant la grossesse, vous avez amplement le temps d'établir une relation particulière avec ce phénomène : un secret se changeant en bébé. Au bout de quelques mois, vous êtes même en mesure de vous identifier avec le bébé qui grandit en vous. Pour y parvenir, il importe que vous soyez dans un état d'esprit plutôt serein, et vous serez considérablement aidée en cela si votre mari est solidaire et se charge d'affronter le monde pour vous deux.

À mon avis, cette relation spéciale avec le bébé finit par se rompre, mais pas exactement au moment de la naissance. Je pense que cette situation particulière se prolonge quelques semaines encore après cet événement, à moins que des circonstances inattendues vous remettent malheureusement les pieds sur terre : le fait de devoir quitter la maternité, par exemple, ou de devoir congédier une nurse qui ne convient pas, ou encore si votre mari tombe malade, etc.

Si vous avez de la chance et qu'aucune complication majeure ne se présente, cet état particulier s'estompe graduellement. Vous entamez alors un processus vous permettant de retrouver votre place d'adulte dans le monde, ce qui peut prendre des mois. Votre bébé a besoin que vous le fassiez, bien que cela lui soit douloureux. Commence alors une terrible lutte : maintenant que l'enfant a cessé d'être lui-même un secret, il est déterminé à s'approprier tous vos secrets à vous. Même s'il mène un combat perdu d'avance, il multiplie les revendications en une perpétuelle ruée vers l'or qui ne semble jamais le satisfaire. Il lui en faut toujours davantage. En attendant, vous êtes en train de recouvrer votre statut individuel indépendamment de lui, et vos mines d'or sont de plus en plus inaccessibles.

Quoi qu'il en soit, vous ne vous remettez jamais totalement. Dans le cas contraire, cela signifierait que vous avez renoncé à jouer votre rôle de parent. Si vous avez plusieurs enfants, le même processus s'enclenche à chaque nouvelle naissance, et vous atteignez quarante-cinq ans avant de pouvoir regarder autour de vous pour décider où vous vous situez dans le monde.

C'est un vaste thème que j'aborde ici, et je n'ai le temps d'ajouter qu'une seule chose. Après m'être entretenu avec d'innombrables mères et avoir vu grandir leurs enfants, je suis convaincu que les mères qui s'en sortent le mieux sont celles qui sont capables de céder au départ. Elles ont l'impression de tout perdre. Mais avec le temps elles s'apercevront qu'elles y gagnent, car elles se rétabliront d'autant mieux que leurs enfants renonceront peu à peu à leur surenchère de revendications et se féliciteront de ce que leurs mères soient des individus à part entière, comme ils sont eux-mêmes appelés à le devenir rapidement.

Vous savez sans doute que les enfants privés de certains éléments essentiels de la vie de famille (dont nous avons amplement fait état) éprouvent en permanence du ressentiment; ils en veulent à quelque chose, mais comme ils ne savent pas à quoi, c'est la société qui finit par en faire les frais. Ces êtres sont appelés à devenir ce qu'on appelle des éléments antisociaux.

Je suis fort optimiste pour ce qui est de ces mères qui décrivent le combat acharné qu'elles mènent contre la horde envahissante de leurs enfants. En définitive, ce champ de bataille n'est pas jonché de cadavres; il se peuple d'individus qui sont loin d'être des déshérités, des enfants à problèmes ou des délinquants. Bien au contraire : parvenus à l'adolescence, ils se débrouillent pour défendre tout seuls leurs intérêts. Et c'est au moment où vos enfants commencent à exister indépendamment de vous que vous pouvez en faire de même. Libre à vous de redevenir vous-même, avec vos secrets, ce qui vous ramène (sur des bases nouvelles) où vous en étiez avant qu'ils vous aient envahie.

***

La semaine dernière, j'ai monopolisé le débat et choisi de mettre l'accent sur un aspect précis des problèmes de la maternité, qui me paraissait important. Je n'oublie pas que les mères d'enfants en bas âge sont généralement fatiguées et manquent souvent de sommeil; mais j'ai tenu à donner la priorité à la perte d'intimité qu'elles subissent. Cette semaine, je voudrais revenir sur ce sujet. Dans le passage qui suit, il sera question des dissensions qui opposent les enfants au sein d'une famille – qu'on pourrait qualifier de querelles de destruction mutuelle – et de leurs effets sur les nerfs de la mère.

MÈRES

– Je trouve qu'ils se disputent beaucoup. Je me demande vraiment pourquoi. On a l'impression d'avoir affaire à des ennemis jurés plutôt qu'à des frères et sœurs qui s'aiment. Ils se battent et crient. Je crois qu'au fond ils tiennent beaucoup les uns aux autres. Si un étranger fait son apparition, ils font corps et se défendent mutuellement. Si l'un d'eux est malade, les autres s'empresseront d'aller lui chercher quelque chose pour lui faire plaisir. Mais cela ne les empêche pas de se quereller du matin au soir, et cela me porte sur les nerfs lorsque je rentre et que j'entends : « C'est de ta faute ! » « Non, c'est de la tienne ! » « Si, c'est toi ! » « Oui, je le ferai ! » « Non, je ne le ferai pas ! » « Si, tu le feras ! » « Je te déteste ! » Et les portes claquent, et ils commencent à se taper dessus, voyez-vous, et je dois me précipiter pour les séparer. C'est fou ce qu'ils peuvent se bagarrer.

– Je suppose que c'est une manière pour eux de dépenser leur énergie – nerveuse ou autre.

– Je le pense aussi, mais c'est terriblement agaçant.

– Ça a un effet déplorable sur nos nerfs. Je me souviens que c'est arrivé aussi chez nous. Ma sœur cadette et moi, nous nous querellions sans arrêt... et j'éreintais ma mère.

– C'est usant pour les mères. Ce n'est pas tragique. Les choses graves, je crois qu'on arrive à les supporter dans la mesure où elles sont relativement peu fréquentes... Les crises, on parvient à les dominer... *(Toutes ensemble)*... Ce sont les petites choses de la vie de tous les jours qui usent, comme un robinet qui coule goutte à goutte.

DWW

Oui, goutte à goutte ! Inexorablement. Et dans quel but ? Il y a une fin à tout cela, le saviez-vous ? La semaine dernière, j'ai indiqué qu'à mon avis chaque enfant revendique sans hésiter tout ce qu'il peut accaparer. J'ajouterai que s'il trouve quelque chose, il s'en servira jusqu'à épuisement. Les enfants sont sans pitié, ils ne font pas de quartier. Pas de demi-mesure avec eux. Ils usent de leur mère sans ménagement. Ils puisent allègrement à la source de son énergie et la consument infatigablement. La principale tâche, pour cette dernière, c'est de survivre. Ce phénomène se répète inlassablement. Il en sera question dans le passage suivant.

MÈRES

– Ils réclament toujours une histoire avant de se coucher, ce que je trouve assez ennuyeux car je leur en raconte une tous les soirs, sans exception. Par ailleurs, si jamais nous nous apprêtons à sortir, bien évidemment ils le sentent...

– Oh, sans aucun doute.

– Impossible de sauter une ligne. Vous ne pouvez même pas leur dire... ce qui devrait pourtant fonctionner normalement. Il faut vous y plier tous les soirs, que vous soyez malade, en bonne santé, morte... ou mourante. Il faut à tout prix leur lire deux maudites histoires, et quelquefois je trouve vraiment que...

(Toutes ensemble.)

– Oui, il y a des moments où je me ferais un plaisir de prendre ce petit livre et de le déchirer en mille morceaux.

DWW

« ... le déchirer en mille morceaux. » Un certain nombre d'auditrices seront sans doute heureuses d'entendre ces mots prononcés ne serait-ce qu'une seule fois. Pourtant, elles continueront à répéter ces histoires, sans omettre aucun détail, et les enfants continueront à avoir besoin de ces territoires limités qu'ils connaissent par cœur, où il n'y a pas la moindre surprise. C'est cette certitude qu'il n'y aura pas de surprise qui les calme et les prépare à glisser paisiblement dans le sommeil.

L'extrait suivant a trait aux périodes ingrates où un enfant, qui se développe par ailleurs normalement, pour une raison ou une autre opère un retour en arrière, cesse de réagir ou devient intraitable. Dans l'exemple qui suit, une petite fille affronte la jalousie que lui inspire un bébé en perdant son autonomie et en redevenant elle-même un bébé.

MÈRES

– Ma fille aînée est capable de s'habiller toute seule depuis... oh, neuf mois, je dirais, mais elle a décidé tout à coup de ne plus le faire. Elle en est parfaitement capable. Elle n'arrive pas à fermer les fermetures Éclair et les boutons dans le dos, mais elle peut se boutonner devant. Pourtant elle refuse catégoriquement, elle veut être un bébé et se vautrer sur mes genoux comme son petit frère. De sorte que je suis obligée de les habiller tous les deux le matin et de les déshabiller le soir.

– J'imagine cette histoire de les laisser s'habiller

tout seuls. Je n'en suis pas encore là, car le mien n'en est pas encore capable, mais je vois bien que cela va m'agacer de le regarder enfiler lentement les choses à l'envers... *(Toutes ensemble)*... parce que je ne peux pas, j'aime bien faire les choses rapidement.

DWW

S'adapter au rythme de chaque enfant : voilà encore une chose qui peut se révéler énervante. Par tempérament, certains enfants sont plus lents que leurs mères, d'autres plus rapides. C'est un gros problème que de s'adapter aux besoins de chacun à cet égard, en particulier dans le cas d'une mère plutôt rapide et contrainte de s'habituer à un enfant lambin. Pourtant, si la mère et l'enfant sont déphasés l'un par rapport à l'autre, ce dernier se retrouve dans l'incapacité d'agir, devient bêta et laisse de plus en plus l'initiative à sa mère ou à sa nourrice. Pour l'enfant, la situation est tout aussi néfaste quand il est rapide et que sa mère est lente, comme vous pouvez l'imaginer. La mère manque peut-être de dynamisme parce qu'elle est déprimée ? Seulement l'enfant ne connaît rien de ces raisons et ne peut donc pas en tenir compte. Il ne fait aucun doute qu'une bonne planification peut régler ce problème dans une certaine mesure, si ce n'est que les jeunes enfants ont tendance à déjouer les meilleurs plans pour la seule raison qu'ils ne voient pas l'intérêt de prévoir. Ils vivent dans le présent. Dans le passage qui suit, il sera question de planification :

– Eh bien, pour régler ce problème de manque de temps, il suffit souvent de s'organiser. Pour pouvoir sortir, je dois planifier mon après-midi de manière à caser un repas à deux heures et être de retour pour le suivant à six heures. Les courses, pour moi, c'est toute une histoire ! Je vais au marché qui se trouve à six kilomètres de chez moi, où les produits ne sont pas chers du tout. Or c'est un véritable exploit que d'arriver à habiller les deux enfants et à les préparer pour sortir, après les avoir nourris, l'un au biberon, l'autre à la cuillère. Le petit doit d'abord faire la sieste, de toute façon, ce qui retarde encore l'heure du départ. Une fois dehors, je cours comme une folle pour tâcher d'être de retour à temps pour donner un biberon au petit. Il y a d'autres problèmes encore, comme lorsqu'il m'arrive de sortir prendre le thé... Cet après-midi, par exemple, pour venir ici, j'ai dû m'organiser. Il faut à peu près une heure pour que nous soyons prêts tous les trois.

– C'est un travail harassant.

– Une fois que vous êtes enfin prête et les deux autres aussi, vous savez...

– Oui, les petits... sont déjà tout débraillés.

– Tout est une question de planification. Il faut bien réfléchir pour savoir quel est le meilleur moment pour sortir.

– Les petites choses de ce genre sont les plus horripilantes. Oui, je crois bien que c'est cela qui m'agace vraiment.

– Au fond, j'adore mes deux enfants. La plupart du temps, je les trouve merveilleux. Ce sont les petites choses qui m'exaspèrent.

– Ce qui m'énerve toujours un peu, c'est de prévoir le prochain repas – ce que je vais leur donner à manger à tous.

– Planifiez-vous vos repas très à l'avance?

– Non, ce n'est pas dans ma nature de planifier. J'ai comme un déclic, vous savez, quand l'heure du repas approche... *(Rires.)* Remarquez, je fais les courses une fois par semaine. J'ai donc suffisamment de réserves à la maison pour les huit jours suivants. Mais quant à savoir quand et où utiliser quoi, je ne décide vraiment qu'au dernier moment, ou presque.

– Eh bien, j'ai une chance inouïe pour ce qui est du déjeuner, car Christophe raffole du biftek haché. Moi, je vous dirais franchement que j'en ai plus qu'assez du biftek haché! *(Rires.)*

– Ils ont des goûts limités quelquefois, n'est-ce pas? Cela facilite les choses.

– Oui, considérablement.

DWW

Un peu d'espoir se fait jour. Quoi qu'il en soit, elle a beau planifier, s'organiser autant que possible, compte tenu de l'énergie limitée dont elle dispose, une mère ne parvient jamais tout à fait à concilier les besoins de chaque enfant et la tyrannie de l'heure, la distance relative entre sa maison et les magasins... En définitive, elle lutte sans cesse pour faire face simultanément aux besoins individuels de chaque enfant et au monde qu'elle connaît.

MÈRES

– Autre source d'irritation majeure, la nécessité d'interrompre continuellement mes tâches ménagères – quand je passe l'aspirateur, par excmple. J'ai l'impression que je pourrais faire la chambre en dix minutes si seulement on m'en laissait la chance. Mais quand quelqu'un derrière moi me dit : « J'ai besoin d'aller sur le pot » – il est déjà installé dessus mais il veut absolument que je sois là...

– Oui, vous ne pouvez jamais vous éloigner pour faire une chose.

– Et il en fait un jeu. *(Rires.)*

– À ce moment-là, justement, quelque chose déborde sur la cuisinière, vous n'avez pas arrêté l'aspirateur parce que vous pensiez n'en avoir que pour une minute...

– Oh, je trouve ces interruptions constantes insupportables. Tout à coup, j'entends un cri venant de je ne sais où et je dois tout abandonner et me précipiter pour voir ce qui se passe, même si je suis en train de faire la cuisine, les mains pleines de farine.

– Eh bien, si j'ai les mains pleines de farine, je dis : « Écoute, tu ne veux pas que je fasse quoi que ce soit avec des mains comme ça, si? »

– Et ça marche?

– Oui. Je repousse les choses à plus tard. J'ai bien peur de faire cela souvent, quand des choses agaçantes surviennent. Par exemple lorsque Élisabeth s'écrie : « Oh maman, on a oublié telle ou telle chose à la maison. » Imaginez, nous sommes sorties dans un but précis et elle voulait prendre une poupée, ou bien un panier à provisions. Je lui réponds : « Eh bien, il faudra que tu y penses la prochaine fois. » Sur le moment, ça réussit à merveille.

DWW

Il y a effectivement une limite. À mesure qu'un enfant grandit, il faut dresser des barrières de plus en plus nettes aux exigences qu'il a le droit d'imposer à sa mère. Qui établira cette limite ? Dans une certaine mesure, la mère s'aperçoit qu'elle peut de mieux en mieux se défendre.

MÈRES

– Les choses dépendent en grande partie de la nuit que vous avez passée. *(Rires.)*

– J'avais passé une nuit épouvantable et j'étais vraiment fâchée contre lui ce jour-là. J'avais peur d'exploser s'il m'agaçait, de quelque manière que ce soit.

– Est-ce que cela ne le rend pas encore plus insupportable ?

– Non, je crois qu'il sent que je suis au bout du rouleau et qu'il a tout intérêt à rester calme. Et, curieusement, c'est ce qui se passe.

DWW

Mais je présume qu'en définitive c'est au père d'intervenir pour prendre la défense de sa femme. Il a des droits, lui aussi. Il voudrait que sa femme retrouve une existence indépendante ; il tient aussi à l'avoir un peu pour lui, même si, à certains moments, cela exige d'exclure les enfants. Au bout du compte, c'est donc le père qui met le holà, ce qui nous ramène à une discussion que nous avons eue il y a plusieurs semaines à propos de l'interdiction. Lors d'une de nos émissions, j'ai laissé entendre que c'est, notamment, en intervenant de cette manière que le père prend de l'importance aux yeux de son enfant, dès lors qu'il a acquis le droit de prendre une position marquée en ayant manifesté une présence réelle et positive.

Les soins prodigués aux petits enfants causent incontestablement bien des contrariétés ; mais l'alternative, à savoir une discipline excessive de l'enfant en très bas âge, est l'idée la plus effroyable qui puisse venir à l'esprit d'une mère. Je suppose donc que les enfants continueront à être une source d'irritation pour leurs mères et que ces dernières continueront à s'estimer heureuses d'en être les victimes.

VII

À propos de sécurité (1960)

Chaque fois qu'on tente de définir les besoins fondamentaux des enfants, on entend dire qu'« ils ont besoin de sécurité avant tout ». Parfois, c'est tout à fait compréhensible; à d'autres moments, le doute nous assaille. On se demande ce que signifie ce mot : *sécurité*. Il est certain que les parents qui couvent leurs enfants suscitent chez eux une certaine détresse, de même que ceux qui manquent de sûreté provoquent confusion et peur. Il arrive donc que des parents pêchent par excès en la matière. Nous savons pourtant que les enfants ont besoin de se sentir en sécurité. Comment trouver le juste milieu?

Les parents qui parviennent à rester unis procurent déjà quelque chose d'extrêmement important à leur progéniture. Un mariage qui se brise fait naturellement des victimes. Mais quand on dit que les enfants ont besoin de sécurité, on a l'impression qu'il manque quelque chose dans cette affirmation. Dans le sentiment de sécurité, les enfants trouvent une sorte de défi, un défi vis-à-vis d'eux-mêmes, destiné à prouver qu'ils sont précisément capables d'en sortir. Pousser à l'extrême le bien-fondé de la sécurité reviendrait à faire d'une prison le cadre idéal à leur croissance. Ce qui serait absurde. Bien sûr, la liberté d'esprit peut exister n'importe où, y compris en prison. Le poète Lovelace l'a écrit :

Des murs de pierre ne font pas une prison,
Ni des barreaux en fer une cage,

sous-entendant qu'en prison on peut penser à autre chose qu'à ses barreaux. Soit. Mais il faut être libre pour pouvoir vivre conformément à son imagination. La liberté est un élément essentiel, qui fait ressortir le meilleur chez chacun d'entre nous ; même s'il faut admettre que certains ne peuvent vivre en liberté parce qu'ils redoutent à la fois eux-mêmes et le monde.

Pour mettre les choses au clair, je pense que nous devons considérer le nouveau-né, l'enfant, l'adolescent, l'adulte dans leur développement et retracer l'évolution des individus, mais aussi de ce qu'ils ont besoin de puiser dans leur environnement au fur et à mesure qu'ils évoluent. Quand des enfants jouissent de la liberté qui leur est consentie progressivement, il faut y voir le signe d'une croissance saine. Quel est notre objectif lorsque nous élevons des enfants ? Nous espérons que chacun acquerra peu à peu un sentiment de sécurité. Chaque enfant doit construire pour lui-même une croyance en quelque chose : quelque chose de bon, mais aussi quelque chose de fiable et de durable ou qui se rétablira après avoir été malmené ou négligé. La question est de savoir comment se bâtit ce sentiment de sécurité. Comment faire naître cette situation satisfaisante où l'enfant a confiance dans les gens et les choses qui l'entourent? D'où vient cette qualité appréciable qu'on appelle confiance en soi? Découle-t-elle d'un facteur inné ou individuel, d'un apprentissage moral? L'enfant a-t-il besoin d'un exemple qu'il puisse copier? Un apport externe, issu de l'environnement immédiat, est-il nécessaire pour parvenir à l'effet désiré?

Nous pourrions passer en revue les étapes du développement émotionnel que chaque enfant doit franchir pour devenir un être sain, et finalement un adulte. Cela prendrait beaucoup de temps; néanmoins c'est réalisable. Au cours de cette analyse, nous pourrions parler des processus innés de la croissance et de la manière (nécessairement très complexe) dont les êtres humains deviennent des individus à part entière. Je me contenterai cependant de faire référence à l'apport de l'environnement, au rôle que nous jouons et que la société joue en relation avec nous. C'est l'entourage qui permet à l'enfant de grandir, et sans une fiabilité suffisante de son environnement, la croissance personnelle d'un enfant ne saurait avoir lieu, ou sera inévitablement déformée. Et parce qu'il n'y a jamais deux enfants identiques, nous devons nous adapter spécifiquement aux besoins de chacun. Cela signifie que les personnes qui s'occupent d'un enfant, quelles qu'elles soient, doivent connaître cet enfant et œuvrer sur la base d'une relation vivante et personnelle avec lui, au lieu de se fonder sur des notions apprises et appliquées machinalement. En offrant une présence fiable et en étant cohérents, nous leur garantissons une stabilité, non pas rigide mais vivante et humaine, et c'est cela précisément qui donne à l'enfant un sentiment de sécurité. Dans un tel contexte, il peut grandir, puis assimiler et copier ce qui l'entoure.

En assurant sa sécurité, nous faisons d'une pierre deux coups. Grâce à notre aide, l'enfant est à l'abri de l'inattendu, des intrusions importunes ainsi que du monde qu'il ne connaît pas ou ne comprend pas encore. Par ailleurs, nous le protégeons de ses propres impulsions et des effets qu'elles sont susceptibles d'avoir. Faut-il vous rappeler que les très jeunes enfants exigent des soins constants et ne peuvent en aucun cas se débrouiller tout seuls? Ils ont besoin d'être tenus, déplacés, lavés, nourris, maintenus à la bonne température, protégés des courants d'air et des bruits violents. Ils ont également besoin qu'on réponde à leurs impulsions et qu'on comprenne leur spontanéité. Il n'y a guère de difficulté à ce stade précoce, dans la mesure où la plupart des nourrissons ont une mère qui se préoccupe presque exclusivement de leurs besoins. À ce moment, l'enfant est en sécurité. Lorsqu'une mère réussit dans la tâche qu'elle entreprend au départ, les difficultés de l'enfant tiennent non aux empiétements du monde mais à la vie même et aux conflits inhérents au sentiment d'être en vie. Dans les circonstances les plus satisfaisantes, dans la sécurité garantie par des soins « suffisamment bons », l'enfant entame une existence personnelle et individuelle.

Très vite, les jeunes enfants sont capables de se défendre par eux-mêmes contre l'insécurité; mais au cours des premières semaines, voire des premiers mois, leur individualité est encore fragile, de sorte que s'ils ne bénéficient pas d'un soutien adéquat leur développement subit des déformations dès que surviennent des événements fâcheux. L'enfant qui a connu la sécurité à ce stade précoce s'attend naturellement à ce qu'on ne le laisse jamais tomber. Des frustrations, oui : elles sont inévitables; mais qu'on le laisse tomber, ça non! Tout cela me paraît assez évident.

La question qui nous préoccupe ici est de savoir ce qui se passe quand un sentiment de sécurité s'établit chez l'enfant. À ce moment vient une longue période de lutte *contre* la sécurité, cette sécurité fournie par l'environnement. Après la période initiale de protection, la mère laisse progressivement entrer le monde. Dès lors, l'enfant saute sur chaque occasion qui lui est donnée de s'exprimer librement et d'agir de manière impulsive. Cette guerre contre la sécurité et le contrôle se prolonge tout au long de l'enfance, même si une certaine dose de contrôle doit à tout prix continuer à s'exercer. Les parents s'obstinent à offrir le cadre d'une discipline, fait de murs de pierre et de barreaux en fer, mais dans la mesure où ils connaissent la personnalité de l'enfant et sont concernés par son évolution individuelle, ils acceptent le défi. Ils jouent toujours le rôle de gardiens de la paix, tout en s'attendant à une certaine anarchie, voire à une révolution. Fort heureusement, dans la plupart des cas les enfants comme leurs parents trouvent un certain soulagement dans l'imagination et le jeu, ainsi qu'au travers d'expériences culturelles. Avec le temps, dès lors qu'ils sont en bonne santé, les enfants finissent par conserver un sentiment de sécurité face à une insécurité manifeste, par exemple lorsque l'un de leurs parents est malade ou meurt, quand quelqu'un agit mal ou que le foyer se brise pour une raison ou une autre.

Par la suite, les enfants ont besoin de vérifier par eux-mêmes s'ils peuvent encore compter sur leurs parents, et cette mise à l'épreuve peut se prolonger jusqu'à ce que ces derniers soient prêts à offrir des conditions de sécurité à leurs enfants, voire plus tard encore. De façon tout à fait caractéristique, les adolescents contestent toutes les mesures de sécurité qui leur sont imposées, toutes les règles, règlements et disciplines. Dans l'ensemble, les enfants prennent donc la sécurité pour argent comptant. Ils croient aux bons soins prodigués dès le début par le père et la mère, car ils en ont bénéficié eux-mêmes. Ils portent en eux un sentiment de sécurité, continuellement renforcé par les mises à l'épreuve auxquelles ils soumettent leurs parents, leur famille, leurs enseignants, leurs amis et tous ceux qu'ils rencontrent. Trouvant les serrures et les verrous solidement fermés, ils entreprennent de les déverrouiller et de les ouvrir de force. Ils explosent sans cesse. Ou alors ils se vautrent sur leur lit et se passent des disques de blues dans la plus parfaite indolence.

Comment se fait-il que les adolescents, en particulier, s'emploient à ce genre de mises à l'épreuve? Ne pensez-vous pas que, confrontés à des sentiments nouveaux et puissants en eux, qui les terrifient, ils cherchent à savoir si des contrôles extérieurs s'exercent encore sur eux? Dans le même temps, ils doivent se prouver qu'ils peuvent franchir ces barrières et s'établir eux-mêmes, par eux-mêmes. Des enfants sains ont besoin d'une discipline continue, mais celle-ci doit leur être fournie par des êtres qu'ils peuvent aimer ou haïr, sur lesquels ils peuvent compter tout en les défiant. Des contrôles automatiques ne sont d'aucune utilité, de la même façon que la peur ne saurait être un bon moyen d'obtenir la docilité. Là encore, c'est une relation vivante, entre des personnes, qui fournit l'espace indispensable à une croissance authentique. Cette croissance véritable finit par donner à l'enfant ou à l'adolescent un sens adulte de ses responsabilités, qui l'incitera par la suite à offrir de bonnes conditions de sécurité à la génération future. Ne voit-on pas cela se produire dans les œuvres des artistes, quel que soit leur domaine? Leurs créations nous sont très précieuses, car ils donnent constamment naissance à de nouvelles formes, qu'ils dépassent à leur tour dans l'unique but d'en créer de nouvelles. Les artistes nous permettent de rester en vie, alors que les expériences du quotidien menacent souvent d'anéantir la sensation que nous avons d'être véritablement en vie et réels dans notre manière de vivre. Plus que quiconque, les artistes nous rappellent que la lutte entre nos impulsions et le sentiment de sécurité (aussi vitaux l'un que l'autre) est un combat éternel qui se perpétue en chacun de nous aussi longtemps que nous sommes en vie.

Les enfants en bonne santé ont suffisamment foi en eux-mêmes et en autrui pour haïr les contrôles extérieurs, quels qu'ils soient. Ces derniers se sont changés en maîtrise de soi. Grâce à cet empire sur soi-même, chez l'individu le conflit est réglé à l'avance. Voici donc, en résumé, comment je conçois les choses : de bonnes conditions établies dès le départ engendrent un sentiment de sécurité, celui-ci entraînant à son tour un contrôle de soi. Dès lors que ce contrôle est devenu réalité, toute discipline imposée est un affront.

VIII

Le sentiment de culpabilité (1961)

CLAIRE RAYNER * : Quand ma fille n'avait que quelques semaines, un parent m'a téléphoné en déguisant sa voix et en se faisant passer pour un responsable de la police. Curieusement, alors que par le passé j'avais toujours décelé ces canulars, dont la personne en question était coutumière, cette fois-là je tombai dans le panneau. Un terrible sentiment de culpabilité m'assaillit et j'eus peur. Qu'avais-je fait pour provoquer cela? Je trouvai cette réaction fort intéressante. Il me fallut un moment pour me remettre de mes émotions. En fait toute la journée. J'étais hantée par la terrible impression d'avoir fait quelque chose de mal.

DWW : Hum, je comprends cela. Mais, en dehors de ce sentiment de culpabilité, votre réaction ne s'explique-t-elle pas tout simplement par le fait qu'il

* Claire Rayner, infirmière de formation, est écrivain et une journaliste de radio et de télévision réputée. Elle est l'auteur de nombreux ouvrages sur la santé et les soins à donner aux enfants.

vous soit arrivé quelque chose brusquement, à un moment où vous n'aviez pas encore remis les pieds sur terre? En fait, je me disais que, juste avant d'avoir un bébé et juste après, vous vous trouvez dans une situation relativement protégée et vous ne vous attendez pas du tout à ce genre de surprises. Est-ce que quelque chose d'inattendu, même un bruit violent, ne vous met pas dans tous vos états dans ces périodes-là?

CR : Certes, je suis d'accord avec vous là-dessus. Mais sur le moment j'ai éprouvé un sentiment de culpabilité tout à fait particulier. Il existe une foule de peurs différentes, n'est-ce pas? Quand vous entendez un bruit violent, cela provoque un certain type de frayeur. Vous avez peur aussi par avance si vous savez qu'il va vous arriver quelque chose de désagréable – par exemple, lorsque vous devez aller chez le dentiste. Mais cette peur-là était incontestablement liée à un sentiment de culpabilité. J'avais fait quelque chose de mal et on m'avait prise en défaut. Voilà ce que je ressentais. On avait découvert un délit que j'avais commis.

DWW : Eh bien, je vois ce que vous voulez dire, et je suis ravi de discuter avec vous de cette question, car il y a là quelque chose qui m'intéresse énormément. En effet, en parlant avec des mères et des pères à propos de leurs enfants, en ma qualité d'observateur, de psychologue, je me suis aperçu que, quelles que soient les précautions que l'on prend, on a tendance à susciter chez eux un sentiment de culpabilité. Je me donne beaucoup de peine pour essayer d'exprimer les choses de manière à ne pas me montrer critique, de préférence en expliquant plutôt qu'en affirmant ce qui est bien ou mal. Pourtant, les gens viennent constamment me voir en me disant : « Chaque fois que vous parlez, ou que je vous lis, j'ai le sentiment d'être affreusement méchant. » C'est pourquoi ce problème me passionne.

CR : C'est encore une forme de culpabilité. Quelqu'un lit un article ou un livre qui conseille de faire ceci ou cela, et se sent aussitôt coupable de ne pas avoir agi comme il convenait. Or il y a toutes sortes d'autres théories possibles. Je connais une jeune femme qui, à mon avis, n'avait jamais lu d'articles de ce genre et qui, dès la naissance de son enfant, a été obsédée par le nettoyage. C'était auparavant une ménagère ordinaire, comme tout le monde, voyez-vous. Mais à l'arrivée de l'enfant elle s'est mise à frotter fébrilement tout ce qui était en contact avec lui. Elle le changeait de vêtements trois ou quatre fois par jour, ne supportait pas qu'il ait une tache sur lui, ou qu'il soit un tant soit peu sale. À mesure qu'il grandissait, ce phénomène ne fit que s'amplifier. Tant qu'il était tout petit, l'enfant passait son temps dans son landau, dans son berceau ou dans sa chambre. Maintenant, il commence à ramper un peu partout, et le nettoyage s'est étendu aux autres pièces où il vagabonde. Chaque semaine, elle frotte la moquette du salon avec un shampooing spécial. Je trouve cela un peu bizarre. Je ne peux pas m'empêcher de penser qu'elle doit se sentir coupable pour je ne sais quelle raison. Sinon, elle n'agirait pas de la sorte. Êtes-vous d'accord avec moi ?

DWW : Je pense qu'il s'agit là d'un exemple pertinent, car il souligne l'idée qu'on peut se sentir coupable sans le savoir. Dans ce cas extrême, la plupart des observateurs seraient en mesure de dire, me semble-t-il, que cette mère a peur. Elle redoute manifestement que quelque chose arrive à son enfant et estime devoir faire tout ce qui est en son pouvoir pour le protéger. Je ne pense d'ailleurs pas qu'elle en soit consciente, bien qu'elle se rende compte qu'elle se sent mal si elle ne nettoie pas tout à fond. Du reste, ce malaise se prolonge probablement même quand tout est propre. Si on est attentif, on s'aperçoit qu'il existe toutes sortes d'indices permettant de reconnaître qu'une personne agit vraisemblablement sous l'effet d'un sentiment de culpabilité sans le savoir elle-même. À l'autre extrême, cependant, on trouve aussi un sentiment de culpabilité général latent, et c'est, je crois, ce qui nous intéresse principalement.

CR : Oui, j'y ai beaucoup réfléchi. Je ne peux pas m'empêcher de me demander si ce sentiment n'est pas souvent lié à de la jalousie entre une mère et son enfant. Permettez-moi de vous citer encore une fois un cas qui me concerne. Quand ma petite fille est née, j'ai découvert – nous étions déjà rentrées à la maison lorsque c'est arrivé – que j'étais jalouse d'elle vis-à-vis de mon mari. Quand j'y repense (à l'époque je ne m'en rendais pas compte, mais à présent c'est clair), je crois que j'avais peur qu'elle me vole les attentions qu'il avait pour moi. Je ne pensais pas qu'il puisse y avoir de la place pour elle dans notre relation. Dès que j'ai pris conscience de cela, de cette jalousie bien réelle, elle s'est dissipée. À peine l'avais-je reconnu, ce sentiment disparut – ce qui me paraît intéressant. Je me demande comment les autres mères vivent la jalousie. Dans le cas où elles ont une fille, que dire de la différence d'âge entre elles? On met tellement l'accent, de nos jours, dans les magazines, etc., sur les femmes jeunes et belles! Une femme qui a une petite fille ne réalise-t-elle pas tout à coup qu'elle n'est plus aussi jeune qu'elle l'était, plus aussi jeune en tout cas que cet enfant, que les plus belles années de sa vie sont passées? Quand elle a devant elle ce petit être tout neuf dont la vie commence à peine, ne l'envie-t-elle pas? Ne se sent-elle pas coupable d'éprouver un tel sentiment? Qu'en pensez-vous?

DWW : Eh bien, je crois qu'avec beaucoup d'honnêteté vis-à-vis de vous-même, vous décrivez là l'une des multiples manières dont des gens très différents peuvent éprouver un sentiment de culpabilité parce qu'ils ont eu des idées totalement inattendues à propos de leurs enfants. Vous dites que vous étiez peut-être jalouse de votre petite fille parce que vous vous inquiétiez des réactions de votre mari vis-à-vis d'elle, etc. Dans ces circonstances, la situation aurait été tout autre si vous aviez eu un garçon. Une autre mère aura un garçon et s'en voudra terriblement en découvrant avec surprise qu'elle ne voulait pas un garçon ou que, pour une raison ou pour une autre, elle a été incapable d'aimer son bébé dès le début comme elle pensait devoir le faire. Chacun a une idée préconçue, une sorte d'idéal selon lequel tout se passe bien, mère et enfant s'aimant profondément l'un l'autre. Le cas que vous évoquez présente une raison parmi tant d'autres pour laquelle une mère pourrait avoir des sentiments inattendus vis-à-vis de son bébé et se sentir coupable, sous prétexte qu'elle n'est pas censée éprouver de tels sentiments. Une mère s'apercevra qu'elle aime naturellement son bébé, mais cela la mettra mal à l'aise parce qu'elle n'a pas l'impression que sa propre mère l'a aimée de la même manière, de sorte qu'elle craindra de s'imposer à cette dernière comme un exemple. Je me souviens d'avoir vu un jour une petite fille assise par terre et traitant sa poupée avec infiniment de douceur. D'évidence, à sa manière elle disait à sa mère qu'elle trouvait celle-ci méchante avec elle à ce moment précis. En d'autres termes, il me semble qu'il existe un large éventail de raisons pour lesquelles des gens divers éprouveront des émotions et des sentiments déconcertants vis-à-vis de leur nouveau-né. (CR : Effectivement.) Mais je pense tout de même qu'il existe certains éléments, disons inhérents, qui doivent être absolument universels – si seulement nous pouvions mettre le doigt dessus !

CR : Vous savez, je me souviens maintenant que, du temps où je faisais mes études de sage-femme, j'avais remarqué que, très souvent, la première question qu'une mère pose au moment de la naissance de son enfant n'est pas : « Est-ce un garçon ou une fille ? » mais : « Est-ce qu'il va bien ? », « Est-il normal ? » Cela m'intriguait, à l'époque. Et cela m'intéresse encore plus aujourd'hui. Je ne peux pas m'empêcher de me demander pourquoi une mère aurait peur d'avoir un enfant anormal. C'est pourtant une crainte très courante, n'est-ce pas ? Celle de produire un (DWW : Oui.)... monstre ou un être qui ne soit pas cent pour cent normal.

DWW : Je pense que c'est non seulement fréquent, mais relativement compréhensible, voyez-vous. Vous comprenez, certaines personnes – bien sûr on trouve toutes sortes de gens, il faut qu'il en soit ainsi et c'est tant mieux –, mais certaines personnes établissent une nette séparation entre le fait d'avoir des enfants et le reste de leur existence, et cela dans des proportions étonnantes. On ne peut pas dire qu'il s'agisse d'une réaction nécessairement normale. Chez la plupart des parents, le fantasme d'avoir des enfants s'amalgame au fait d'en avoir en réalité. Tout cela surgissait déjà dans leurs jeux d'enfants, quand ils jouaient au papa et à la maman, ainsi que dans leurs idées. Une quantité variable de haine et d'agressivité se mêle à l'amour et à la gentillesse, de sorte qu'on peut à mon avis parler de quelque chose d'inhérent, existant en fait chez absolument tout le monde. Lorsque les gens ont un enfant, ils sont parfaitement à même de comprendre intellectuellement d'où vient ce bébé ; mais dans leurs fantasmes leur bébé est quelque chose qu'ils ont produit. Or ils n'ont pas le sentiment de pouvoir produire quelque chose de parfait. Ce en quoi ils ont raison. Il est vrai que s'ils tentent de peindre un tableau, de créer une œuvre d'art, quelle qu'elle soit, voire de préparer un dîner, rien ne leur prouve que ce sera parfait. Et pourtant ils sont en mesure de produire un bébé parfait.

CR : Faut-il en conclure que quand la mère pose cette question et qu'on lui répond que son enfant est normal, qu'il va bien, que tout fonctionne, sa culpabilité – qui lui a inspiré cette question – disparaît, se volatilise ?

DWW : Oui, c'est effectivement ce que je veux dire. À ce moment-là, le bébé redevient un bébé, les fantasmes retrouvant eux aussi leur place. Pourtant, s'il y a le moindre doute sur la normalité de l'enfant, ou si l'infirmière dit que tout va bien mais qu'elle marque un petit temps d'arrêt avant de répondre, la mère a le temps d'amalgamer tous ses fantasmes, ses peurs et ses doutes avec l'idée qu'elle se fait du bébé, et elle ne parvient pas à se rassurer totalement. Enfin, si le bébé a vraiment quelque chose, elle doit affronter une période très difficile durant laquelle elle se sent responsable de ce qui est arrivé, dans la mesure où dans son esprit l'*idée* du bébé et sa grossesse elle-même étaient intimement liées. (CR : Oui.) Tout le temps que le bébé était dans son ventre. Deux choses tout à fait distinctes, en réalité. Mais il est si facile de les associer s'il s'avère que l'enfant n'est pas tout à fait normal...

CR : Je comprends.

DWW : J'ajouterai que même si le bébé est normal, il n'est pas tout à fait aussi bien qu'elle a pu se l'imaginer dans ses fantasmes.

CR : Je finis tout de même par me demander si ces sentiments de culpabilité sont vraiment aussi courants. Ils doivent avoir une certaine valeur. La culpabilité en elle-même n'est pas une mauvaise chose, n'est-ce pas ? N'a-t-elle pas pour effet de renforcer le sens des responsabilités d'une mère vis-à-vis de son enfant ?

DWW : Si. Je pense qu'on pourrait assez bien comparer cela à la cuisine. Si une personne n'a strictement aucun doute sur ses capacités, je ne pense pas qu'elle puisse vraiment être une bonne cuisinière. En vérité, avant un dîner, presque tout le monde se sent un peu anxieux, redoutant que quelque chose aille de travers. Bien sûr, il y aura probablement trop à manger, tant on a eu peur de manquer. Ce genre de choses, ces expériences-là sont pratiquement universelles. Mais le fait est que les invités arrivent, qu'ils sont ravis d'être là et qu'ils mangent copieusement, y compris le surplus. Au fond, ce que vous êtes en train de dire, c'est qu'il faut que les gens doutent vraiment d'eux-mêmes pour arriver à se sentir pleinement responsables.

CR : Oui. C'est en tout cas mon impression. Si vous ne vous sentiez pas légèrement coupable vis-à-vis de votre enfant, vous ne chercheriez pas à le protéger autant, n'est-ce pas ? C'est vrai, si on part du principe que tout va se passer normalement, sans anicroche, et que brusquement l'enfant a une forte température, on aurait tendance à se dire : « Allons, il ne peut rien arriver. Pourquoi se faire du souci ? Pourquoi aller chez le médecin ? Ce n'est pas la peine. Puisqu'il ne peut rien lui arriver. »

DWW : Oui. Personnellement, je vois cette question sous un angle tout à fait pratique. Je passe une grande partie de mon temps à voir des mères qui amènent leur enfant à l'hôpital, et j'ai le sentiment qu'elles viennent me voir parce qu'elles sont inquiètes. Elles s'inquiètent pour leur enfant, et si ce n'était pas le cas, elles ne se rendraient pas compte qu'il est malade. (CR : Oui.) Je vois souvent des enfants qui sont en parfaite santé. Une mère me dira que son enfant est tombé la veille et qu'il s'est fait mal à la tête. « C'est juste... Je ne suis pas tout à fait sûre qu'il aille aussi bien qu'avant. Est-ce que c'est normal ? » Eh bien, je dirais qu'il est tout à fait normal qu'elle soit venue, et mon travail consiste probablement à dire : « Oui, j'ai examiné votre enfant et il va bien. » Or j'ai l'impression d'avoir affaire au sentiment de culpabilité de la mère vis-à-vis de son enfant, ce qui ne pose pas de problème. La situation se redresse dès qu'elle a fait ce qu'elle avait à faire, dès qu'elle m'a demandé de l'examiner. Peut-être n'a-t-elle même pas éprouvé le besoin d'aller voir un médecin ? Il lui a suffi d'observer, de réfléchir, pour voir que tout allait bien en définitive. C'est ce sentiment de culpabilité qui la rend sensible, à mon avis (CR : Oui.), et qui la fait douter d'elle-même. Je m'aperçois que certains parents ne sont pas capables d'éprouver un tel sentiment et qu'ils ne remarquent même pas que leurs enfants sont malades.

CR : Oui, cela doit être assez agréable, si je peux m'exprimer ainsi. Du point de vue de l'enfant, j'entends. Il est vrai que, pour un petit enfant, le monde et ses responsabilités sont énormes, accablants même, n'est-ce pas ? Or une mère qui est disposée à s'accuser de ce qui se passe, à se blâmer personnellement et à le protéger de cette façon, voilà qui doit être très plaisant pour l'enfant. La culpabilité de la mère devient une sorte de coussin, n'est-ce pas ? Un rempart contre le monde.

DWW : Oui, je crois que, dans l'ensemble, si on pouvait choisir ses parents – ce qui est bien sûr impossible –, nous préférerions avoir une mère qui connaît la culpabilité – ou tout au moins qui se sent responsable et estime que si les choses vont de travers, c'est probablement de sa faute –, plutôt qu'une mère qui se tourne immédiatement vers l'extérieur pour tout expliquer, et qui affirme que tout provient de l'orage qu'il y a eu la veille au soir ou de quelque phénomène sans aucun rapport, en refusant de prendre la moindre responsabilité. Je pense que, entre les deux, entre ces deux extrêmes, mieux vaut avoir une mère qui prend ses responsabilités très au sérieux.

IX

Comment se développe le sens du bien et du mal chez l'enfant (1962)

Certains s'imaginent que les notions de bien et de mal s'élaborent d'elles-mêmes chez l'enfant, comme l'apprentissage de la marche et de la parole; d'autres pensent qu'il faut les y implanter. À mon avis, il y a place pour quelque chose entre ces deux extrêmes, pour l'idée que le sens du bien et du mal, comme tout le reste ou à peu près, vient naturellement au nouveau-né et à l'enfant pourvu que certaines conditions soient remplies d'emblée dans son environnement et les soins qui lui sont prodigués. Ces conditions essentielles ne sauraient être décrites en quelques mots mais, en résumé, voilà ce dont il s'agit : l'environnement devrait être prévisible et adapté de très près, dès le début, aux besoins du nourrisson. La plupart des bébés et des enfants en bas âge bénéficient en fait de cette base indispensable.

Je tiens à souligner que le fondement de la morale est l'expérience fondamentale qu'a l'enfant en étant véritablement lui-même, en continuant à être; la nécessité de réagir à l'imprévisible perturbe ce processus et entrave le développement du *self*. Mais nous sommes en train de remonter trop loin pour le débat qui nous concerne. Il me faut passer à l'étape suivante du développement.

À mesure que l'enfant emmagasine une vaste expérience de *continuer à être*, à sa douce manière à lui, et à sentir que son *self* existe, un *self* susceptible d'être indépendant de sa mère, les peurs finissent par dominer progressivement la situation. Ces appréhensions sont d'une nature primitive et fondées sur l'attente de représailles sommaires. L'enfant s'excite, sous l'emprise d'idées ou de pulsions agressives ou destructrices, qu'il manifeste en criant ou en essayant de mordre, et aussitôt le monde lui semble rempli de bouches prêtes à mordre, de dents et de griffes hostiles, et de toutes sortes de menaces. Dans ces circonstances, l'univers du bébé serait un endroit proprement terrifiant s'il fallait faire abstraction du rôle protecteur de la mère, qui dissimule ces très grandes frayeurs indissociables des premières expériences de la vie du tout-petit. La mère (et, là encore, je n'oublie pas le père) modifie la teneur des peurs de son enfant en étant un être humain. Progressivement, il la reconnaît en tant que tel. De sorte qu'à la place d'un monde de représailles surnaturelles, l'enfant acquiert une mère qui le comprend et réagit à ses impulsions. Toutefois, il arrive à cette dernière d'être blessée ou de se mettre en colère. En exprimant les choses de cette façon, vous verrez immédiatement la différence considérable que l'humanisation de ces forces de représailles peut représenter aux yeux de l'enfant. Pour commencer, la mère sait faire la distinction entre la destruction et l'intention de détruire. Elle crie : « Aïe ! » quand on la mord. Mais elle n'est pas le moins du monde troublée par le fait que l'enfant cherche à la manger. Au contraire, elle prend cela pour un compliment, consciente que c'est le seul moyen pour son enfant de lui témoigner de l'amour, dans son excitation. Bien sûr, elle n'est pas si facile à manger. Elle dit : « Aïe ! », mais cela veut simplement dire qu'elle a eu un peu mal. Un bébé peut lui meurtrir le sein, surtout si ses dents ont malheureusement poussé de bonne heure. Cependant, la mère survit et le bébé a ainsi l'occasion d'être rassuré. De surcroît, on donne bel et bien aux bébés quelque chose de dur, qui a une bonne valeur de survie – un hochet par exemple. Parce que vous savez que c'est un soulagement pour lui de pouvoir mordre quelque chose aussi fort qu'il le veut.

De cette façon, l'enfant a la possibilité de s'habituer à recourir au fantasme en plus de l'action impulsive, une étape importante qui résulte de l'attitude cohérente de la mère et de sa fiabilité. L'environnement sûr qu'elle lui procure constitue par ailleurs un cadre adapté à l'étape suivante du développement. Celui-ci dépend de la contribution que l'enfant apporte au bonheur de ses parents. La mère est là au bon moment, pour accueillir les gestes impulsifs que l'enfant aura envers elle, et qui ont tant de valeur à ses yeux parce qu'ils font partie intégrante de son enfant et ne sont pas simplement des réactions. On assiste d'abord au sourire réactionnel, qui ne signifie pas grand-chose, ou rien du tout; mais un autre sourire finit par apparaître, indiquant que l'enfant éprouve de l'amour, à ce moment précis, envers sa mère. Un peu plus tard, il l'éclaboussera dans le bain, lui tirera les cheveux ou lui mordra le lobe de l'oreille, ou la serrera très fort. Ce genre de choses. Ou encore il défèque d'une manière spéciale, qui sous-entend que son excrétion doit être interprétée comme un don. Qu'elle a une valeur. La mère se sent extrêmement renforcée par ces manifestations apparemment insignifiantes dès lors qu'elles sont spontanées. Grâce à cela, l'enfant est à même de progresser dans son développement et son intégration, d'accepter d'une manière nouvelle et plus complète la responsabilité de toute la méchanceté et de la destructivité qu'il éprouve dans les moments d'excitation – en d'autres termes, dans l'expérience de ses instincts.

L'instinct principal, chez l'enfant, est celui qui naît dans l'acte de se nourrir, et qui se confond par la suite avec le fait d'aimer, d'apprécier – le jeu affectueux. Les fantasmes de dévorer le père et la mère s'assimilent à la réalité de la nutrition, qui revient à ingérer de la nourriture. L'enfant en arrive à accepter pleinement la responsabilité de toute cette destruction impitoyable, parce qu'il connaît aussi l'existence de gestes nouveaux témoignant d'une pulsion de donner et qu'il sait par expérience que sa mère sera là au moment où les vraies pulsions d'amour se manifesteront. Ainsi s'établit une mesure de contrôle sur ce qui fait du bien et ce qui fait du mal, de sorte qu'au terme d'un processus complexe, et grâce aux pouvoirs croissants qui lui permettent d'assimiler diverses expériences – ce que nous avons baptisé intégration –, l'enfant parvient peu à peu à tolérer l'angoisse que lui inspirent les éléments destructeurs inhérents à ses expériences instinctuelles, sachant que l'occasion lui sera donnée de réparer et de reconstruire. Cette angoisse tolérée a un nom. Nous l'appelons « sentiment de culpabilité ». Celui-ci se développe en même temps que s'établit la confiance de l'enfant en la fiabilité de son environnement, de la même façon qu'on voit ce sentiment de culpabilité disparaître, ainsi que la confiance en la fiabilité de l'environnement, lorsqu'une mère doit être séparée de son enfant, lorsqu'elle est malade, voire simplement préoccupée.

Dès que l'enfant est en mesure d'éprouver un sentiment de culpabilité, c'est-à-dire de faire le lien entre une attitude constructive et l'angoisse provoquée par la destruction, il est apte à distinguer ce qui lui fait du bien de ce qui lui fait du mal. Il ne s'agit pas simplement d'une récupération du sens moral des parents, mais bien d'un sens moral personnel en voie de développement, ce qui doit se faire chez tout individu. Le sentiment du bien s'associe incontestablement à l'idée que l'enfant se fait des attentes de sa mère, ou de ses parents ; mais plus profondément enraciné est le sens du bien et du mal, indissociable du sentiment de culpabilité – l'équilibre entre l'angoisse liée aux impulsions destructrices et la capacité et la possibilité de réparer et de construire. Ce qui atténue le sentiment de culpabilité lui semble bien; en revanche, ce qui contribue à le renforcer lui paraît mal. En fait, la morale innée de l'enfant, surgie de ses peurs primitives, est beaucoup plus intransigeante que celle de ses parents. Pour lui, seul compte ce qui est vrai et réel. Ce n'est pas une mince affaire que de lui apprendre à dire « merci » non pas par gratitude mais par politesse.

Vous voyez donc que, selon la théorie sur laquelle je m'appuie dans mon travail, vous permettez à l'enfant de développer un sens du bien et du mal en étant vous-même une personne fiable durant cette première phase formative de sa vie. À partir du moment où l'enfant aura trouvé en lui son sentiment de culpabilité personnel, et à partir de ce moment-là seulement, vous serez fondée à lui faire partager vos propres conceptions du bien et du mal.

Si vous n'arrivez pas à vos fins de cette façon (et vous aurez davantage de succès avec certains de vos enfants qu'avec d'autres), vous devrez faire preuve de rigueur en tâchant d'obtenir le maximum, même si vous savez que le processus de développement naturel de l'enfant donnerait probablement de meilleurs résultats. Si vous échouez totalement dans cette voie, vous serez forcée de lui inculquer le sens du bien et du mal de gré ou de force. Mais ce n'est là qu'un succédané et l'aveu d'un échec, et vous ne serez pas du tout contente de vous. Quoi qu'il en soit, cette méthode fonctionne seulement si vous êtes là pour imposer votre volonté, vous ou celui ou celle qui se substitue à vous. En revanche, si vous faites démarrer la vie de votre enfant de telle sorte qu'au travers de votre fiabilité il élabore un sens personnel du bien et du mal à la place des peurs de représailles primitives et sommaires, vous vous apercevrez par la suite que vous avez la possibilité de renforcer ses idées à cet égard, et de les enrichir grâce aux vôtres. En effet, en grandissant les enfants aiment imiter leurs parents, ou les défier, ce qui se révèle en définitive tout aussi salutaire.

X

Ils ont cinq ans (1962)

On raconte que, lors d'un procès récent, un juge éminent aurait dit, à propos d'un garçonnet de cinq ans dont les parents étaient séparés : « Les enfants de cet âge ont la réputation d'avoir du ressort. » Je ne veux pas critiquer le jugement prononcé dans cette affaire, mais rien ne nous empêche de débattre de la question de savoir si les enfants de cinq ans sont vraiment aussi souples que cela. Personnellement, j'ai le sentiment que cette qualité leur vient seulement en grandissant, avec la maturité, et j'avancerai qu'à aucun moment, au cours de son développement, un enfant n'est véritablement adaptable. Cette adaptabilité sous-entendrait que nous pourrions nous attendre à une conformité totale de la part de l'enfant, sans danger pour le développement de sa personnalité ou l'élaboration de son caractère.

J'estime que certains traits spécifiques, à ce stade des cinq ans, nous inciteraient au contraire à nous montrer particulièrement vigilants en ce qui concerne la fiabilité de l'environnement. Ce soir, je vais m'efforcer de répertorier ces diverses particularités.

Vous regardez vos enfants grandir et vous êtes étonnée. Tout se déroule si lentement, et en même temps cela vous semble rapide comme l'éclair. C'est tellement curieux. Il y a quelques semaines encore, vous aviez un bébé. Et puis un tout petit enfant. Voilà qu'aujourd'hui il a cinq ans, et demain il entrera à l'école primaire. Dans quelques semaines, il commencera à aller travailler, pour ainsi dire.

Il y a là une contradiction tout à fait intéressante. Le temps passe à la fois vite et lentement. Je dirais même que, lorsque vous sentiez les choses selon le point de vue de votre enfant, le temps paraissait quasiment immobile – au tout début seulement, peut-être, avant de commencer à évoluer progressivement. L'idée d'infini provient des vestiges de souvenirs laissés en chacun de nous lors de la petite enfance, avant qu'on prenne conscience du temps qui passe. Pourtant, une fois que vous avez franchi le pas en faisant vos premières expériences d'adulte, il vous semble que cinq années, ce n'est presque rien.

Ce phénomène a un curieux effet sur le rapport entre ce dont vous vous souvenez et ce dont l'enfant se souvient. Vous vous rappelez vous-même clairement ce qui s'est produit il y a un mois, mais vous vous rendez compte que votre enfant de cinq ans, lui, n'a aucun souvenir de la visite récente de sa tante ou de l'arrivée du nouveau chiot. Il se souvient bien de certaines choses, même si elles remontent loin dans le temps, surtout s'il en a été question dans des conversations, et il se sert de la saga familiale qu'il a apprise presque comme si elle concernait quelqu'un d'autre, ou comme s'il s'agissait des personnages d'un livre. Il est davantage conscient de lui-même et du présent; du même coup, il oublie.

Il a désormais un passé, et dans son esprit quelques vagues souvenirs à demi oubliés. Son nounours a été relégué dans le fond d'un tiroir et il n'a plus la moindre idée de l'importance que ce jouet avait jadis à ses yeux, hormis lorsqu'il éprouve brusquement le besoin de le retrouver.

Tout se passe comme s'il émergeait, en quelque sorte, d'un lieu fermé. Des ouvertures commencent à apparaître dans les murs de cette enceinte; les barrières deviennent moins épaisses par endroits, et pour finir il parvient à s'en échapper. Il ne lui est guère facile de retourner à l'intérieur, ou de sentir qu'il s'y trouve de nouveau, sauf lorsqu'il est fatigué ou malade; auquel cas vous aurez reconstitué ce lieu pour son bénéfice.

Cette enceinte, c'est vous, sa mère et son père, sa famille, qui la lui avez fournie, ainsi que la maison, la cour, les visions familières, les bruits, les odeurs qu'il connaît. Elle est liée aussi au stade initial de son immaturité et de sa dépendance vis-à-vis de votre fiabilité, ainsi qu'à la nature subjective du monde de la petit enfance. Elle constitue, en quelque sorte, un développement naturel de vos bras qui l'enserraient lorsqu'il était tout petit. Vous vous êtes adaptée de façon intime à ses besoins, et puis progressivement vous vous y êtes désadaptée, en suivant le rythme auquel il était capable de jouir de la nouveauté et de l'inattendu. Ainsi, compte tenu que les enfants ne se ressemblent guère, vous découvrez que vous avez bâti une enceinte à l'intérieur de laquelle chaque enfant peut vivre. Une enceinte différente pour chaque enfant. C'est de cette enceinte-là que votre fils ou votre fille émerge aujourd'hui, prêt(e) à affronter un groupe différent, une enceinte d'un nouveau type, pour quelques heures par jour tout au moins. En d'autres termes, votre enfant va à l'école.

Wordsworth fait référence à ce changement dans son « Ode aux pressentiments de l'immortalité » :

Le Ciel s'ouvre au-dessus de nous dans l'enfance,
Les ombres de la prison commencent à se refermer
Sur le petit garçon qui grandit...

Le poète évoque incontestablement ici la prise de conscience d'une nouvelle enceinte chez *le petit garçon qui grandit*, à distinguer de la dépendance absolue dont le bébé, lui, n'a pas conscience.

Bien sûr, vous avez déjà entamé ce processus en mettant votre enfant dans une école maternelle, s'il s'en trouve une de qualité à proximité de chez vous. Dans une bonne école maternelle, les enfants ont l'occasion de jouer en petits groupes ; on leur fournit des jouets adéquate, et peut-être bénéficient-ils d'un espace mieux adapté que celui dont vous disposez vous-même. Il y a toujours quelqu'un pour surveiller les premières expériences de la vie sociale de votre enfant, qui consistent par exemple à taper sur la tête d'un autre enfant avec une pelle...

Toutefois, l'école maternelle n'est pas si différente de l'environnement de la maison. C'est encore un cadre spécialisé. L'école primaire dont il est question à présent est différente. Peu importe qu'elle soit plus ou moins bonne : elle n'est pas aussi adaptable que la maternelle, ni aussi spécialisée, hormis au tout début. En d'autres termes, c'est à votre enfant qu'il appartiendra de s'adapter et de se mettre au diapason de l'établissement. J'espère qu'il y est prêt, car si tel est le cas, il peut tirer énormément de bénéfices de cette nouvelle expérience.

Vous avez beaucoup réfléchi à la manière de gérer cette mutation importante dans la vie de votre enfant. Vous lui en avez déjà parlé, il a joué à être à l'école et il est impatient d'élargir les bribes d'enseignement que vous-même et d'autres lui ont déjà prodiguées.

Des difficultés se manifestent néanmoins à ce stade, dans la mesure où ces changements d'environnement viennent s'ajouter aux bouleversements en cours chez l'enfant pendant sa croissance. J'ai souvent eu affaire aux problèmes d'enfants de cet âge-là, et à ce propos je dirais que dans la grande majorité des cas ces écueils ne procèdent pas de troubles profonds, ni d'une maladie à proprement parler. Les tensions découlent de la nécessité pour certains enfants d'aller lentement, et pour d'autres d'aller plus vite. Quelques mois font toute la différence. Vous vous apercevrez peut-être que votre enfant, né en novembre, ronge son frein en attendant d'être admis à l'école, tandis qu'un autre, né en août, s'est retrouvé à l'école un ou deux mois trop tôt. Quoi qu'il en soit, certains sont avides de se précipiter en eaux profondes, tandis que d'autres tendront à rester sur la rive en tremblant, trop effrayés pour se jeter à l'eau. À ce propos, il arrive que, parmi les plus hardis, certains rebroussent chemin brusquement après avoir mis un orteil dans l'eau, pour se réfugier à l'intérieur de vous, refusant de réémerger de cette enceinte durant des jours, voire des semaines ou davantage. Vous découvrez alors la véritable nature de votre enfant, et vous en parlez avec ses professeurs, qui ont tout à fait l'habitude de ce genre de situations et qui se contentent d'attendre en lâchant du lest. Il faut comprendre qu'il est très excitant, et tout aussi effrayant, de sortir de l'enceinte; qu'une fois dehors, il est terrible pour l'enfant de ne pas pouvoir y retourner. La vie est une longue série de sorties d'enceintes, elle consiste à prendre continuellement de nouveaux risques et à faire face à des défis toujours plus insolites et plus exaltants.

Certains sujets ont des difficultés personnelles qui les empêchent de faire un pas en avant, et vous aurez peut-être besoin d'aide si le temps ne suffit pas à les guérir, ou si d'autres indices prouvent que l'enfant est malade.

Si votre enfant fait marche arrière, il se peut aussi que ce soit vous qui n'alliez pas bien. Vous, la mère parfaitement bonne. Puisque j'ai évoqué cette éventualité, vous ne souhaitez certainement pas que je la laisse de côté! Je vais donc vous expliquer ce qu'il en est.

Certaines mères fonctionnent à deux niveaux. À l'un de ces niveaux (que nous pourrions qualifier de supérieur), elles ne souhaitent qu'une chose : que leur enfant grandisse, qu'il sorte de l'enceinte, qu'il aille à l'école et découvre le monde. À un autre niveau, plus enfoui, j'imagine, et pas vraiment conscient, elles n'acceptent pas de le laisser partir. À ce niveau profond, où la logique joue un rôle restreint, la mère ne parvient pas à céder cette chose si précieuse à ses yeux qu'est la fonction maternelle : elle se sent plus facilement maternelle lorsque son bébé dépend d'elle que lorsque, en grandissant, il en vient à apprécier d'être séparé d'elle, indépendant, voire rebelle.

L'enfant s'en rend très bien compte. Même s'il est heureux à l'école, il rentre à la maison hors d'haleine, et pousse des hurlements tous les matins quand il franchit le seuil de l'école. Il est désolé pour vous car il sait que vous ne supportez pas de le perdre et que, par votre nature même, vous avez toutes les peines du monde à le laisser partir. Les choses sont plus faciles pour lui si vous pouvez vous réjouir de vous débarrasser de lui, puis de le récupérer.

Voyez-vous, des tas de gens, même les meilleurs, sont, parfois ou presque tout le temps, un peu déprimés. Ils éprouvent un vague sentiment de culpabilité, qu'ils ne savent pas très bien à quoi attribuer, et s'inquiètent de leurs responsabilités. La vitalité de l'enfant dans la maison constitue un tonique perpétuel. Les bruits qu'il produit, ses cris, sont un signe de vie et leur procurent la dose de réconfort qui leur manque. Car les déprimés ont continuellement le sentiment qu'ils ont peut-être laissé mourir quelque chose de précieux et d'essentiel. Le moment vient où leur enfant doit aller à l'école. La mère se prend alors à redouter le vide qu'il laissera dans la maison et en elle, ainsi que la menace d'un sentiment d'échec personnel intérieur, qui finit parfois par la pousser à trouver une autre source d'occupation. Quand l'enfant revient de l'école, si une nouvelle préoccupation s'est substituée à lui, il n'y aura plus de place pour lui, ou il lui faudra se battre pour redevenir le centre d'intérêt de sa mère. Auquel cas, cette lutte acquiert plus d'importance à ses yeux que l'école.

Dans ces circonstances, en général l'enfant rejette l'école. En même temps, il en rêve et sa mère n'espère qu'une seule chose : qu'il soit comme les autres enfants.

J'ai connu un petit garçon qui, à ce stade, se découvrit une véritable passion pour l'assemblage d'objets à l'aide de ficelles. Il passait son temps à attacher des coussins à la cheminée, les chaises à la table, de sorte qu'il devint précaire de déambuler dans la maison. Il était très attaché à sa mère, mais hésitait toujours à redevenir son centre d'intérêt parce qu'elle avait rapidement plongé dans la dépression après qu'il l'eut quittée; en un rien de temps, elle l'avait remplacé par d'autres soucis.

Si vous ressemblez un peu à cette mère, cela vous aidera peut-être qu'on vous dise que ces situations-là sont courantes. Vous serez peut-être heureuse que votre enfant soit sensible aux émotions de sa mère et des autres, mais désolée de savoir que votre angoisse contenue, même inconsciente, l'incite à s'inquiéter pour vous. Dès lors, il est incapable de sortir de l'enceinte.

Vous avez peut-être déjà connu ce genre de difficulté à un stade plus précoce? Peut-être avez-vous eu du mal à le sevrer? Ou bien peut-être avez-vous pu déceler un schéma répétitif dans sa répugnance à franchir une nouvelle étape, à explorer l'inconnu? À chacune de ces étapes, vous redoutiez de vous défaire de sa dépendance. Vous étiez en passe d'avoir un enfant indépendant, appréhendant la vie d'une manière personnelle et, tout en en voyant clairement les avantages, vous n'arriviez pas à éprouver le désinvestissement émotionnel nécessaire. Il y a un rapport très étroit entre cet état vaguement dépressif – cette préoccupation assortie d'angoisses mal définies – et l'aptitude d'une femme à donner toute son attention à un enfant. Je ne peux pas vraiment parler de l'un sans faire référence à l'autre. À mon avis, la plupart des femmes vivent à la lisière entre les deux.

Les mères connaissent inévitablement toutes sortes de déchirements, et il est préférable que les bébés et les enfants soient maintenus à l'abri de ces tourments. Ils ont suffisamment de problèmes à régler eux-mêmes! De fait, ils ne sont pas mécontents d'avoir leurs propres difficultés à résoudre, de la même façon qu'ils aiment acquérir de nouvelles aptitudes, élargir leur vision et découvrir le bonheur.

Comment faut-il interpréter ces « ombres de la prison », selon la formule de Wordsworth ? Pour moi, il s'agit de la métamorphose qui a lieu lorsque l'enfant cesse de vivre dans le monde subjectif de la petite enfance pour passer dans celui de la réalité partagée. Au départ, un bébé jouit d'un contrôle magique de son environnement – pour autant que vous lui prodiguiez suffisamment de bons soins –, à partir duquel il recrée le monde, y compris vous et les poignées de porte. Parvenu à l'âge de cinq ans, il est en mesure de vous percevoir davantage telle que vous êtes, de reconnaître le monde des poignées de porte et d'autres objets qui existaient avant sa conception, d'admettre sa dépendance au moment précis où il devient véritablement indépendant. Il s'agit avant tout de bien choisir son moment, et je suis sûr que vous vous en sortez admirablement. D'une manière ou d'une autre. Ou bien d'autres le font à votre place. La vie peut affecter votre enfant de toutes sortes de façons, à cet âge-là. J'ai déjà mentionné le nounours. Il se peut que votre enfant soit obsédé par un objet particulier. Cet objet, qui était autrefois une couverture ou une serviette, ou encore l'une de vos écharpes ou une poupée de chiffon a pris de l'importance à ses yeux peu avant ou peu après son premier anniversaire, et tout particulièrement dans les périodes de transition, comme lorsqu'il passe de l'état de veille au sommeil. Il est vital pour lui ; il le traite épouvantablement mal ; l'objet en question sent mauvais. Estimez-vous heureuse que l'enfant ait recours à cet objet et non à vous-même, au lobe de votre oreille ou à vos cheveux.

Cet objet le lie à la réalité extérieure, ou partagée. Il fait à la fois partie de lui et de vous, sa mère. L'un de vos enfants s'en désintéresse pendant la journée; un autre l'emportera avec lui partout où il va. À l'âge de cinq ans, ce besoin n'a peut-être pas cessé, mais beaucoup d'autres choses peuvent se substituer à l'objet en question. L'enfant s'intéresse aux bandes dessinées, il dispose d'une grande variété de jouets, durs ou mous, et une vie culturelle l'attend, prête à enrichir son expérience de l'existence. Cependant vous risquez de rencontrer certaines difficultés lorsque l'enfant ira à l'école; il faudra que sa maîtresse s'y prenne avec douceur, qu'elle n'interdise pas totalement son objet de prédilection en classe, tout au moins au début. Ce problème se résoud presque toujours de lui-même au bout de quelques semaines.

Je dirais que l'enfant emporte ainsi à l'école une partie de sa relation avec vous, qui remonte au temps de sa dépendance infantile, et à la toute petite enfance, au moment où il commençait seulement à comprendre que vous-même et le monde étiez séparés de son *self*.

Si les angoisses suscitées par l'apprentissage de l'école se résolvent d'elles-mêmes, l'enfant pourra renoncer à emporter cet objet avec lui. À la place, le petit garçon dissimulera dans sa poche un petit camion en plus de sa ficelle et de ses bâtons de réglisse, et la petite fille se débrouillera en entortillant son mouchoir. À moins qu'elle n'ait un bébé secret caché dans une boîte d'allumettes vide. En tout état de cause, les enfants ont toujours la possibilité de sucer leur pouce ou de se ronger les ongles, si besoin est. À mesure qu'ils acquièrent de l'assurance, ils renoncent le plus souvent à tout cela. Vous apprenez à attendre que les enfants manifestent de l'angoisse chaque fois qu'ils sont séparés de vous ou de la maison, à chaque pas supplémentaire qu'ils font vers la citoyenneté de ce vaste monde. Cette angoisse peut se traduire par un retour à des attitudes infantiles, qui sont fort heureusement encore là pour leur apporter le réconfort nécessaire. Ces comportements deviennent une sorte de psychothérapie intrinsèque, qui conserve toute son efficacité parce que vous êtes vivante et disponible, et parce que vous offrez à tout moment un lien entre le présent et les expériences que le petit a connues dans sa prime enfance, dont ces retours en arrière sont les vestiges.

Encore une chose. Les enfants ont tendance à se sentir déloyaux vis-à-vis de vous s'ils aiment l'école et s'ils sont contents de vous oublier pendant quelques heures. De sorte que, à mesure qu'ils se rapprochent de la maison, une sorte d'angoisse les envahit; ou bien ils retardent leur retour sans trop savoir pourquoi. Si vous avez une raison d'être fâchée contre votre enfant, je vous en prie, choisissez un autre moment que son retour pour l'exprimer. Vous serez peut-être un peu vexée d'avoir été oubliée? Méfiez-vous de vos réactions face à ces nouveaux développements. Il serait préférable de ne pas vous mettre en colère à propos de cette tache d'encre sur la nappe tant que le contact ne sera pas rétabli entre votre enfant et vous.

Ces choses-là ne présentent pas de grosses difficultés dans la mesure où vous comprenez ce qui se passe. Grandir n'est pas tout rose pour l'enfant. Pour la mère, c'est souvent une période douce-amère.

XI

Comment s'édifie la confiance (1969)

On ne devrait pas éprouver de difficultés à parler du stress lié à la petite enfance. Tout le monde sait que les très jeunes enfants ont besoin de soins continuels et rassurants, sans lesquels ils n'évolueraient pas convenablement. Au stade suivant de leur développement, il faut espérer qu'ils auront accumulé suffisamment d'expériences positives et qu'ils iront désormais de l'avant, forts d'une bonne dose de confiance dans les gens et dans le monde, de sorte qu'il en faudrait davantage pour les déséquilibrer. Cependant, lorsqu'ils sont tout petits, cette confiance est en cours d'élaboration.

C'est l'une des premières choses qu'on constate chez les très jeunes enfants : s'ils nous font confiance naturellement, leur foi en nous peut facilement être ébranlée. Pour cette raison, nous nous efforçons d'être fiables dans les choses essentielles.

On aura compris que nous ne le faisons pas au terme d'un effort délibéré, ni en lisant des livres ou en assistant à des conférences, mais parce que les petits enfants suscitent le meilleur en nous-mêmes. De sorte que, pendant une période, nous nous comportons tout à fait correctement. Nous évitons même de nous quereller en public, c'est-à-dire devant les enfants, et nous acceptons de donner l'impression d'être soudés par le fait même de l'existence de ces enfants.

Certaines personnes sont trop absorbées par la gestion de leur vie, ou par leur tempérament difficile, pour apporter à leurs enfants ce dont ils ont besoin ; mais ces derniers sont capables de comprendre pas mal de choses tant que le foyer existe, qu'ils voient leurs parents ensemble, tant qu'il y a de la chaleur, même dans un climat relativement froid, de la nourriture pour satisfaire leur appétit, tant qu'on les protège de ces bruits soudains et imprévisibles qui les heurtent physiquement et qu'ils ne peuvent expliquer. Dans des conditions physiques connues ou définissables, les enfants peuvent supporter certaines tensions dans la relation entre leurs parents, dans la mesure où c'est pour eux une bonne chose que leurs parents soient ensemble, qu'ils soient vivants et qu'ils éprouvent des sentiments. Il est vrai que les jeunes enfants grandissent mieux si leurs parents s'entendent bien et ont une relation facile. De fait, c'est le monde interpersonnel des parents qui symbolise aux yeux de l'enfant la stabilité à la maison et l'agitation de la rue, l'inverse – à savoir que la maison et la rue trouvent un symbolisme dans la relation entre les parents – étant moins vrai.

Pas d'idéalisme

Je dois faire attention. Lorsqu'il est question des besoins des très jeunes enfants, je pourrais trop facilement donner l'impression de vouloir que les parents soient des anges altruistes vivant dans un univers idéal, tel un jardin de banlieue en été, le père tondant le gazon, la mère préparant le déjeuner dominical, le chien aboyant à l'adresse du chien du voisin. À propos des enfants, et même des bébés, on peut dire qu'ils ne tirent guère de bénéfices d'une perfection par trop mécanique. Ils ont besoin d'être entourés d'êtres humains susceptibles de réussir, mais aussi d'échouer.

C'est pourquoi je m'applique à employer l'expression « suffisamment bon ». Des parents suffisamment bons, voilà ce qu'il faut aux bébés et aux jeunes enfants, et ces parents-là ce sont des gens comme vous et moi. Pour être cohérents, et par conséquent prévisibles au regard de vos enfants, il faut que vous soyez *vous-mêmes*. Dans ce cas-là, vos enfants pourront apprendre à vous connaître. En revanche, si vous jouez un rôle, ils finiront sans aucun doute par découvrir le pot aux roses le jour où ils vous surprendront sans maquillage.

Le danger de l'enseignement

Mon problème est de trouver le moyen de donner des instructions sans inculquer des principes.

L'enseignement a ses limites. Pour les parents qui fouillent dans les livres en quête de conseils, il est important de savoir qu'ils n'ont pas besoin de tout comprendre. L'essentiel de ce qui se passe chez le bébé ou l'enfant en cours de développement se produira, que vous le compreniez ou non, pour la simple raison que l'enfant a une tendance innée à se développer. Il n'a besoin de personne pour avoir faim, être fâché, heureux, triste, affectueux, gentil ou méchant. Ces choses-là arrivent toutes seules. Vous avez déjà assumé cette partie de vos responsabilités; le bagage héréditaire de votre enfant est défini depuis le jour où vous avez choisi votre partenaire et où un spermatozoïde a pénétré l'œuf. À cet instant crucial, le livre de l'hérédité s'est refermé, et les choses ont commencé à fonctionner d'elles-mêmes pour ce qui est du corps, de l'esprit, de la personnalité et du caractère de votre enfant. Ce sont des questions de physiologie et d'anatomie. Il s'agit de rouages extrêmement complexes et, si vous y tenez, libre à vous de passer votre vie sur un passionnant projet de recherche lié au développement humain. Cependant ce travail ne vous aidera en rien pour ce qui est de votre enfant, qui a surtout besoin de vous.

Que faut-il savoir?

Quelles sont les données indispensables que doivent connaître les parents? Je dirais qu'il y a deux choses principales à savoir : la première est liée au processus de la croissance, qui touche l'enfant, la deuxième a trait à son environnement, qui est votre responsabilité à part entière.

Le processus de croissance

Une fois qu'on vous l'a fait remarquer, il est tout à fait évident que votre bébé a tendance à vivre, à respirer, à boire et à manger, à grandir. Vous serez bien avisée d'admettre la véracité de ces faits dès le départ.

C'est un grand soulagement de savoir qu'il ne vous appartient pas de faire de votre bébé un enfant, de lui permettre de grandir, de le rendre bon, propre et généreux au point de savoir choisir avec subtilité les cadeaux qui conviennent à telle ou telle personne.

En prenant un peu de recul, vous vous apercevrez que le processus de développement se fait de lui-même, et vous vous sentirez déchargée d'un poids. Vous avez fait démarrer quelque chose qui a sa propre dynamo intégrée. Ce sont plutôt les freins que vous chercherez.

Une autre observation doit être prise en compte dans les commentaires que je fais ici : tous les enfants sont différents; de sorte que vous serez peut-être agacée par l'apathie de l'un ou le dynamisme de l'autre. Quoi qu'il en soit, le principe essentiel tient la route dans tous les cas, à savoir que les processus de développement innés chez l'enfant provoquent d'eux-mêmes les changements que vous recherchez.

Ainsi le premier principe à connaître est-il lié à des tendances innées, inhérentes à tout enfant en bas âge.

L'environnement de l'enfant

Le second principe a trait à la place particulière que vous occupez en tant qu'élément et pourvoyeur de l'environnement de l'enfant. Il est évident qu'un nourrisson a besoin de chaleur et de soins attentifs. Si quelqu'un en doute, qu'il prouve le contraire.

Après tout, vous avez été un bébé vous-même, et vous avez des souvenirs pour vous guider, en dehors de tout ce que vous avez appris en observant et en participant vous-même à des soins prodigués à de jeunes enfants.

L'environnement que vous fournissez à l'enfant est essentiellement constitué par vous-même, votre personne, votre nature, les traits distinctifs de votre personnalité, qui vous aident à savoir que vous êtes vous-même. Bien entendu cela inclut tout ce que vous accumulez autour de votre personne : votre odeur, l'atmosphère qui règne autour de vous, ainsi que l'homme qui se trouve être le père de votre bébé, de même que, éventuellement, d'autres enfants si vous en avez déjà, les grands-parents, oncles et tantes... En d'autres termes, je ne fais rien d'autre que décrire la famille telle que le bébé la découvre progressivement, y compris les particularités de votre maisonnée, qui en font un foyer pas tout à fait comme les autres.

Interaction

Il y a donc deux choses distinctes : les tendances innées de l'enfant d'une part, l'environnement que vous lui procurez d'autre part. La vie consiste en une interaction entre ces deux éléments. Au départ, cet échange se déroule sous votre nez; puis il se poursuit en dehors de votre entourage immédiat – à l'école, dans les échanges amicaux, les colonies de vacances et, bien sûr, dans l'esprit et la vie personnelle de votre enfant.

Rien ne vous empêche, si tel est votre souhait, de passer votre temps à comparer le comportement de votre enfant avec une norme que vous aurez établie, fondée sur le schéma ayant cours au sein de votre famille ou celui que vous aura fourni quelqu'un que vous admirez. Mais vous bénéficierez sans doute d'une expérience plus riche et autrement profitable en comparant le combat individuel mené par votre enfant pour acquérir son indépendance avec la dépendance que vous lui aurez permis d'avoir en lui donnant confiance en vous et en lui offrant un cadre de vie fiable.

Deux variétés de stress

J'ai défini le développement de l'enfant de cette manière afin de me simplifier la tâche pour décrire le stress. On peut dire que ces tensions proviennent de deux directions possibles, bien qu'il faille s'attendre à un amalgame dans la plupart des cas.

Le processus interne

La première source de stress tient à la complexité extrême du processus de développement de l'individu et au fait que les choses peuvent aller de travers *de l'intérieur*. C'est tout l'intérêt de la psychanalyse. Il est inutile, pour les parents ou ceux qui prennent soin des jeunes enfants, de connaître en détail les tensions et les stress inhérents à l'établissement de la personnalité et du caractère individuel, et à l'aptitude progressive du bébé ou de l'enfant à établir une relation avec sa famille et la communauté, ou à s'intégrer à la société sans subir une trop grande perte de ses impulsions ou de sa créativité individuelle.

Les parents, et tous ceux qui ont affaire à des enfants, trouveront peut-être ces questions d'un très grand intérêt. Toutefois, l'important n'est pas de comprendre mais d'être capable de parvenir à de bons résultats par le biais de l'imagination.

Votre enfant joue sous la table. En se redressant, *la table lui cogne la tête*. Il se précipite dans vos bras, prêt à pleurer tout ce qu'il sait. Vous le réconfortez de votre mieux et posez votre main à l'endroit où il a mal; peut-être faites-vous passer la douleur avec un baiser. Au bout de quelques minutes, tout est arrangé, et il retourne jouer sous la table. À quoi cela vous aurait-il servi d'être en mesure d'écrire une thèse sur les différents aspects de cet épisode?

1. Les enfants apprennent en jouant. Ils doivent regarder avant de sauter...

2. Ce n'est pas vraiment la table qui lui a cogné la tête, mais à cet âge la première hypothèse qui viendra à l'esprit de l'enfant sera celle-là, même si certains enfants ont davantage tendance que d'autres à se cramponner à la théorie de la « persécution » après un traumatisme. Cela tient à la difficulté qu'ils ont d'accepter leur propre agressivité, et peut-être aussi à la rage qui s'est perdue à cause de la douleur suscitée chez un enfant qui n'est pas encore certain de ne pas se désintégrer en cas d'émotion forte...

3. Ce moment est-il bien choisi pour lui faire tout un sermon : « Vois-tu, si tu bouges de cette façon sans réfléchir, tu te feras mal, et un jour... » ?

Non, je pense qu'il est préférable de résoudre le problème avec un doux baiser, simplement parce que vous savez ce que vous ressentiriez si vous étiez ce petit enfant qu'une méchante table, dure et rancunière, vient de frapper à la tête. C'est ce qu'on appelle l'empathie, et si vous ne l'avez pas naturellement en vous, vous ne pourrez l'apprendre nulle part.

Il se peut, évidemment, que vous vous sentiez seule. Ce choc sur la tête pourrait être une chance envoyée par le Ciel pour entrer en contact avec quelqu'un. Alors vous embrassez votre enfant, vous le serrez dans vos bras, vous le mettez au lit et vous cédez au sentimentalisme. Peut-être appelez-vous le médecin pour vous assurer qu'il n'y a pas eu de lésions internes ?

Dans ce cas, l'enfant a déclenché quelque chose en vous qui touche à vos problèmes personnels. Du coup, il est totalement dérouté. Votre réaction dépasse son entendement. Par ailleurs, en analysant cet épisode de près, nous nous sommes éloignés des processus inhérents à la vie et au développement de l'enfant. Heureux l'enfant qui, dans l'ensemble, est libre d'expérimenter au jour le jour tout ce qui se présente à lui dans les limites de ses capacités, au demeurant sans cesse croissantes.

Il se produit une foule de choses dans les interstices obscurs de votre aspidistra, si vous en avez un ; mais sans doute n'y entendez-vous rien du tout en biologie. Pourtant vous êtes peut-être réputée dans votre quartier pour la luxuriance de ses feuilles vert clair sans la moindre bordure brune ?

Il n'y a rien de plus fascinant que d'étudier la manière dont un bébé devient un enfant, puis un adolescent, et enfin un adulte. Mais les enfants n'ont nul besoin que leurs parents soient au courant des dernières découvertes en la matière. Chez les enseignants et ceux qui sont plus détachés que les parents des expériences de la vie quotidienne, une analyse des processus du développement semblerait plus judicieuse. Quant aux spécialistes chargés des cas anormaux, qui entreprennent de soigner les enfants malades sur le plan du développement affectif, de la personnalité ou du caractère, ils ont sûrement davantage encore besoin d'approfondir le sujet.

On est toujours tenté de développer cette question des difficultés inhérentes. Deux exemples suffiront. L'un a trait au problème universel de l'ambivalence : aimer et haïr à la fois la même personne, ou la même chose. L'autre réside dans l'expérience que chaque enfant doit connaître, dans une plus ou moins large mesure, de sentir qu'il ne fait qu'un avec ses pulsions instinctuelles telles qu'elles se manifestent au travers des organes physiques, ou bien de se sentir plus à l'aise avec le sexe opposé.

Nos enfants souffrent de nombreux autres conflits, qu'ils s'efforcent de résoudre bon an mal an, et nous savons qu'un pourcentage d'entre eux tombent malades parce qu'ils ne parviennent pas à trouver une solution viable. Mais il n'appartient pas aux parents de jouer aux psychothérapeutes.

L'apport de l'environnement

À côté des rouages du processus intérieur qui se déroule chez l'enfant, il faut aussi prendre en compte l'apport de l'environnement. Il s'agit de vous, et de moi, de l'école et de la société, et nous nous sentons d'autant plus concernés que nous sommes responsables.

Un environnement favorable donne aux bébés et aux jeunes enfants la possibilité de laisser le processus intérieur de la croissance se dérouler naturellement ; dans de moins bonnes conditions, il peut l'empêcher.

Le mot clé pourrait être « prévisible ». Dans un premier temps, les parents, et en particulier la mère, se donnent beaucoup de mal pour protéger l'enfant de l'imprévisible.

Nous verrons que, tôt ou tard, un enfant est apte à faire la liaison entre les choses de manière à déjouer l'imprévisible. À cet égard, on constate une étonnante diversité d'un enfant à l'autre. Le besoin de la mère n'en reste pas moins là. Un avion vole à basse altitude. Le bruit peut se révéler pénible, même pour un adulte. Aucune explication ne fera l'affaire pour l'enfant. La seule chose qui compte est que vous le serriez dans vos bras. Il profite du fait que vous n'avez pas vraiment peur, et très vite il s'en retournera jouer. Si vous n'aviez pas été là pour lui, il aurait pu subir des dommages irréparables.

Ceci est un exemple un peu simpliste, mais je veux montrer qu'en considérant les soins prodigués aux enfants sous cet angle-là, le stress peut être défini en termes de défaillance de l'environnement à un moment où votre fiabilité est particulièrement nécessaire.

Le même phénomène se produit lorsqu'une mère est contrainte de laisser son enfant à l'hôpital pendant quelques jours, comme l'a souligné Bowlby, ainsi que James et Joyce Robertson dans leur film poignant intitulé *A Two-Year-Old Goes to Hospital* *. À cet âge-là, l'enfant est vraiment à même de considérer sa mère comme une personne, et c'est d'elle qu'il a besoin, et pas seulement des soins et de la protection qu'elle lui procure. À cet âge, le stress provient du fait que la mère est absente pendant une période de temps dépassant celle où l'enfant est capable de garder vivante l'image mentale qu'il a

* *Un Enfant de deux ans à l'hôpital.*

d'elle, et où il peut sentir sa présence vivante dans le monde imaginaire de ses rêves et de ses jeux, quelquefois baptisé « réalité psychique interne ». Les médecins et les infirmières sont absorbés par leur tâche, qui consiste à s'occuper de son corps; souvent ils ignorent, ou ils n'ont pas le temps de considérer le fait qu'après une séparation trop longue, la personnalité d'un enfant peut se modifier du tout au tout, sous l'effet de l'ingérence de l'environnement. Il arrive que s'édifie ainsi la base d'un trouble de la personnalité auquel on ne pourra remédier.

C'est toujours la même chose : l'environnement était suffisamment fiable en termes de prévisibilité, selon l'aptitude de l'enfant à prévoir, et puis une défaillance se produit, qui interrompt automatiquement le processus du développement. Du coup, l'enfant se retrouve avec un maillon manquant dans la ligne reliant le présent aux racines du passé. Il faut recommencer à zéro. Un trop grand nombre de nouveaux départs entraînent un échec dans le sentiment d'être de l'enfant : *je suis, c'est moi, j'existe, c'est moi qui aime et qui déteste, c'est moi que les gens voient et que je vois dans le visage de ma mère quand elle vient, ou bien dans le miroir.* Les processus de la croissance sont alors déformés, parce que l'intégrité de l'enfant s'est rompue.

Il se trouve qu'une majorité d'enfants, notamment dans les pays les moins favorisés et les moins éduqués, dépassent le stade de la petite enfance sans connaître cette rupture si dévastatrice de la continuité de leur vie. Ces enfants ont la possibilité de se développer (dans les premiers stades tout au moins) conformément aux tendances innées du développement qui leur sont propres. En cela, ils sont privilégiés.

Malheureusement, un certain nombre d'autres enfants, surtout au sein des cultures développées, portent en eux pour la vie une certaine déformation de leur développement personnel, provoquée par un environnement imprévisible et l'intrusion d'éléments inattendus, de sorte qu'ils n'ont plus une notion très claire du *je suis, je suis moi, j'existe ici et maintenant, sur cette base je peux entrer dans la vie des autres sans menace aucune à l'encontre de ma base propre qui me permet d'être moi-même.*

Étude des facteurs de l'environnement

J'ai plutôt tendance à rejeter l'idée que les parents devraient analyser les processus du développement inhérents à la croissance de l'individu et fondés sur les tendances héréditaires. Je suis moins sûr de l'inutilité d'une réflexion un peu poussée sur l'apport de l'environnement. De toute évidence, que les mères sachent que ce qu'elles font est d'une importance vitale pour leurs enfants; elles seront dans une position plus forte pour défendre leurs droits lorsqu'on suggère à la légère que mère et bébé ou mère et jeune enfant devraient être séparés. Cela signifie trop souvent que le bébé doit être pris en charge d'une manière impersonnelle.

Le monde a beaucoup à apprendre en la matière, en particulier les médecins et les infirmières intéressés au premier chef par la santé et la maladie physiques. Les parents doivent défendre leur cause à cet égard. Personne ne le fera à leur place, car personne n'est aussi concerné qu'eux.

Cela m'amène au dernier point, à savoir que cet apport de l'environnement, de sa fiabilité, de son adaptation aux besoins de l'enfant, ne nécessite aucun apprentissage. Quelque chose dans le fait d'avoir un bébé (voire de se préparer à la venue d'un enfant adopté) change les parents à tout jamais. Leur attention s'oriente naturellement vers cette tâche toute spéciale. Soucieux de donner un nom à ce phénomène, je l'ai appelé *préoccupation maternelle primaire*. Mais qu'est-ce qu'un qualificatif?

Cette concentration sur les besoins du bébé dépend de beaucoup de choses, notamment du fait que les parents portent en eux le souvenir, profondément enfoui, d'avoir été eux-mêmes un bébé, d'avoir été pris en charge dans un univers fiable et protégé de l'imprévisible, en ayant ainsi la possibilité de mener à bien la tâche hautement individuelle de leur croissance personnelle.

Ainsi la nature se débrouille-t-elle pour répondre à ce besoin très aigu, voire absolu, des bébés et des petits enfants, en faisant qu'il soit naturel pour les parents de restreindre temporairement leur univers, ne serait-ce que pour quelques mois, de sorte que le monde soit là, au milieu et non en dehors et tout autour.

Résumé

Le stress peut donc être considéré de deux manières distinctes. La première nous entraîne à une étude des tensions internes et des stress inhérents à la croissance émotionnelle. L'autre a une portée plus pratique (à moins que nous soyons nous-mêmes psychanalystes), dans le sens où le stress résulte d'une défaillance, globale ou relative, de l'environnement. Cette défaillance peut être un manque de fiabilité, une destruction de la confiance, une ouverture à l'imprévisible et une rupture rédhibitoire ou répétée de la continuité dans la vie de l'enfant.

Dans l'ensemble, ceux qui s'occupent d'enfants sont choisis au terme d'une sélection prudente, ils ne sont pas formés dans une salle de classe.

Les bébés sont tout à fait capables de sélectionner eux-mêmes leur mère, tout au moins en regard de cette question de la préoccupation maternelle primaire. Au-delà, je ne pense pas que je leur attribuerais trop d'aptitudes. Cependant ils doivent tirer parti de ceux qu'ils ont comme parents – ils le découvrent d'ailleurs fort bien par eux-mêmes.

SOURCES DES TEXTES

Le chiffre en début de ligne renvoie au chapitre correspondant.

I. « Health Education through Broadcasting », *Mother and Child*, n° 28, 1957.

II. Le 3 janvier 1955, dans l'émission de la BBC intitulée *Woman's Hour* (« Une heure pour les femmes »), une belle-mère fit le récit, vivant et émouvant, du véritable martyre qu'elle endurait à n'être pas capable d'aimer son beau-fils, arrivé à son foyer à l'âge de sept ans. La BBC reçut un énorme courrier après l'émission, qui faisait état d'expériences, semblables ou différentes, vécues par des beaux-parents. Il était nécessaire d'y donner suite. La BBC consacra à ce sujet trois heures de l'émission *Woman's Hour*, les 6, 7 et 9 juin 1955. La première prit la forme de questions-réponses entre un beau-père et un expert. Les deux autres étaient des conférences de Winnicott. Ce sont ces dernières qui sont reproduites ici, retranscrites à partir d'enregistrements magnétiques auxquels seule la ponctuation fut ajoutée.

III. Émission de la BBC, du 31 janvier 1956.

IV. Trois émissions de la BBC, des 25 janvier, 1er et 8 février 1960.

V. Émissions de la BBC, des 15, 22, 29 février et du 7 mars 1960.

VI. Trois émissions de la BBC, des 14, 21 et 28 mars 1960.

VII. Conférence donnée à la BBC le 18 avril 1960. Publiée pour la première fois sous le titre « On Security » dans *The Family and Individual Development*, Londres, Tavistock Publications, 1965.

VIII. Conversation avec Claire Rayner sur la BBC, le 13 mars 1961.

IX. Émission de la BBC, du 11 juin 1962.

X. Conférence donnée à la BBC le 25 juin 1962. Publiée pour la première fois sous le titre « The Five-Year-Old » dans *The Family and Individual Development*, Londres, Tavistock Publications, 1965.

XI. Écrit en décembre 1969 et resté inédit.

NOTICE BIOGRAPHIQUE

Le docteur Donald W. Winnicott commença sa carrière médicale en pédiatrie mais conserva de l'intérêt pour l'aspect physiologique de sa spécialité au fur et à mesure qu'il avançait dans l'étude de la psychologie infantile. Ses contributions à la connaissance du développement humain, fondées sur un travail clinique approfondi avec des mères, des bébés et de jeunes enfants, sont reconnues dans le monde entier.

Le docteur Winnicott débuta ses recherches au Jesus College de Cambridge; il les poursuivit après-guerre à l'hôpital Saint Bartholomew de Londres. Hormis son année d'internat, il ne travailla que dans des services pédiatriques. Il pratiqua et enseigna la pédopsychiatrie et la pédopsychanalyse pendant plus de quarante ans et fut nommé président de la Société psychanalytique britannique. Il fut le collaborateur fécond de nombreuses revues médicales et de psychanalyse, et un conférencier réputé qui donnait des cours sur le développement infantile à des professionnels de toutes disciplines : professeurs, sages-femmes, parents, travailleurs sociaux, magistrats et chirurgiens, aussi bien qu'à des psychanalystes et des psychiatres.

Ses livres les plus connus ont été traduits en français : *De la pédiatrie à la psychanalyse*, *L'Enfant et le monde extérieur*, *L'Enfant et sa famille*, *Processus de maturation chez l'enfant* et *Jeu et réalité*.

TABLE DES MATIÈRES

Cet ouvrage a été réalisé par la
SOCIÉTÉ NOUVELLE FIRMIN-DIDOT
Mesnil-sur-l'Estrée
pour le compte des Éditions Payot
en janvier 1995

Imprimé en France
Dépôt légal : janvier 1995
N° d'impression : 28736